Katzensenioren

glücklich & gesund

> Autorin: **Brigitte Eilert-Overbeck** | Fotos: **Ulrike Schanz**

Inhalt

Wenn Katzen älter werden

Fit-und-gesund-Programm

Wenn Katzen älter werden

Lang lebe die Katze!

Sie hat unser Herz einst im Sturm erobert. Heute ist sie längst zum geliebten vertrauten Familienmitglied geworden. Sie schmust, schnurrt und spielt wie eh und je, aber uns wird zunehmend bewusst, dass wir schon eine Reihe von Jahren miteinander geteilt haben. Jetzt hoffen wir noch auf eine lange, schöne Zeit zusammen. Die Aussichten sind recht gut.

Altersrekorde

36 Jahre und einen Tag: Auf diese unglaubliche Lebensspanne hat es der englische Hauskater »Puss« gebracht – geboren am 27.11.1903, gestorben am 28.11.1939. Als älteste weibliche Katze verzeichnet das Guinness-Buch der Rekorde »Ma« aus Devonshire: Sie lebte von 1923 bis 1957 – 34 Jahre lang. Auch die derzeit älteste Katze

der Welt kommt aus Großbritannien: Kater »Spike«, geboren 1970. Er sei zwar mit den Jahren ein bisschen ruhiger geworden, sagt seine Halterin, habe aber nach wie vor viel Spaß an der Spinnenjagd. Natürlich sind die »Thirtysomethings« unter den Katzen absolute Ausnahme-Erscheinungen, ebenso wie die legendären 120- oder gar 150-jährigen Menschen aus dem Kaukasus.
Die Lebenserwartung einer Samtpfote liegt inzwischen bei etwa 15 Jahren, aber auch Senioren von über 20 sind nicht mehr so selten.

Ein gutes Leben

Tatsächlich werden die Stubentiger heute im Vergleich zu früher erheblich älter. Dafür gibt es gute Gründe:
Gesundheitsvorsorge: Impfungen und Vorsorge-Untersuchungen beim Tierarzt haben sich durchgesetzt.
Kastration: Die meisten Katzen in menschlicher Obhut sind kastriert. Das bewahrt sie davor, sich im Hormonrausch auf Kämpfe mit über-

Das liebt der Katzensenior: Kuscheln mit seinem Lieblings-Menschen und auch mal ein neues Spielzeug austesten.

legenen Rivalen einzulassen. Außerdem streunen sie nicht mehr auf der Suche nach passenden Bräuten oder potenten Katern durch die Gegend und setzen sich dabei Gefahren aus. Tierärzte bestätigen, dass kastrierte Tiere weniger krankheitsanfällig sind als ihre fruchtbar belassenen Artgenossen.

Ernährung: Die meisten Katzen bekommen heute artgerechtes und gesundes Futter zu fressen.

Wohnungshaltung: Besonders häufig sind die über 20-Jährigen unter den Wohnungskatzen vertreten. Sie leben meist in enger Gemeinschaft mit ihren Menschen und sind sicher vor dem Autoverkehr, übereifrigen Jägern, katzenscharfen Hunden und anderen Feinden. Außerdem ist für Wohnungskatzen das Risiko geringer, sich eine ansteckende Krankheit zu holen, Gift aufzunehmen (z. B. Unkrautvertilger oder Rattengift) oder anderweitig zu verunglücken. Zudem wird der Mensch auf eine kranke Wohnungskatze eher aufmerksam, und damit steigen auch die Chancen, dass rechtzeitig der Tierarzt konsultiert wird.

Wie fit ist Ihr Stubentiger?

		Ja	Nein
1.	Er wird beim kleinsten Geräusch aufmerksam.	☐	☐
2.	Einem kullernden Ball läuft er sofort nach.	☐	☐
3.	Rennspiele sind seine Leidenschaft.	☐	☐
4.	Er erschrickt nicht öfter als früher.	☐	☐
5.	Er ist sehr geschickt bei Fangspielen.	☐	☐
6.	Er springt mühelos auf erhöhte Plätze.	☐	☐
7.	Spielangebote reizen ihn genauso wie früher.	☐	☐
8.	Er beobachtet, was sich draußen tut.	☐	☐
9.	Er inspiziert jede Einkaufstüte.	☐	☐
10.	Er schmust gern und oft.	☐	☐

Auswertung: 10-mal Ja: Ihr Stubentiger ist fit wie eine junge Katze.
6- bis -8-mal Ja: Ihre Katze ist für ihr Alter immer noch gut in Form.
5- bis 4-mal Ja: Gönnen Sie Ihrem Stubentiger die wohlverdiente Ruhe.
2- bis 0-mal Ja: Vielleicht braucht Ihr Liebling etwas mehr Anregung.

Leben Rassekatzen länger als Hauskatzen?

Bei Rassekatzen sind Eltern und Vorfahren bekannt. Im Idealfall – bei verantwortungsvollen Züchtern – handelt es sich dabei um gesunde Tiere, die keine Krankheiten an den Nachwuchs vererben. Außerdem werden Rassekatzen in aller Regel sorgfältig gehalten und genießen selten unkontrollierten Freilauf – alles Faktoren, die einen günstigen Einfluss auf die Lebenserwartung haben. Doch die Lebenserwartung der einzelnen Rassen macht keinen Unterschied: ob Birma, Burma, Kartäuser, Maine Coon, Norwegische Waldkatze, Russisch Blau oder Siam, sie alle haben eine Lebenserwartung zwischen 14 und 17 Jahren. Wie auch die »gewöhnliche« Hauskatze.

Wann ist eine Katze alt?

Selbst Tierärzten oder Züchtern fällt es oft schwer, das Alter einer gesunden, gut gepflegten Katze zu bestimmen: Ein Tier von drei, vier oder fünf Jahren sieht nicht viel anders aus als zum Beispiel das Älterwerden bei vielen Katzen lange Zeit unsichtbar. Etwa vom 8. Lebensjahr an verändert sich der Stoffwechsel, der Organismus braucht länger, bis er auf Touren kommt, das Immunsystem wird schwächer. Sicht- oder spürbare Altersanzeichen lassen dann noch jahrelang auf sich warten. Ab 12 gilt die Katze als »alt«. Alt aussehen oder gebrechlich sein muss sie aber auch dann nicht.

Graue Schläfen?

Graue Katzen bleiben auch im Alter grau, schwarze, weiße oder rote behalten ebenfalls ihre ursprüngliche Fellfarbe – an grauen Schlä-

fen können wir die Katzensenioren also nicht erkennen, allenfalls an grauen Schnurrhaarkissen. Die ersten Altersanzeichen sind wesentlich unauffälliger.

Dass unsere Hausgenossen so ganz allmählich »in die Jahre kommen«, zeigt sich etwa vom 10. Lebensjahr an. Sie werden ruhiger, legen öfter mal ein Nickerchen ein und gehen mit ihrer Energie sparsamer um. Wilde Jagd und große Sprünge, ein Kämpfchen in Ehren – alles schön und gut, aber bitte nicht zu oft. Man kommt nun doch etwas leichter außer Atem. Jenseits des 12. oder 13. Lebensjahres lassen Sprungkraft

Von wegen Hörschwäche! Für ein liebes Wort hat der Oldie offene Ohren.

ein 8-jähriges. Eine 10 Jahre alte Katze, die nach wie vor springt, jagt und klettert, geht locker für ein paar Jahre jünger durch. Tatsächlich bleibt

TIPP

Altersbremse: Fit durch Anregung

➤ Kleine, sorgsam dosierte Veränderungen sind selbst für ältere Katzen mit eingefahrenen Gewohnheiten eher an- als aufregend und schützen außerdem auch vor Abstumpfung.

➤ Bringen Sie Ihrem Katzensenior also öfter mal ein neues Spielzeug mit. Das hilft gegen Langeweile und sorgt für Abwechslung.

➤ Spielen Sie neue Spiele und machen Sie Ihrem Senior neben den bewährten Lieblingsplätzen neue Kuschelecken schmackhaft.

und Gelenkigkeit langsam nach. Die »Oldies« nehmen es gelassen. Sie müssen nicht mehr bei jeder sportlichen Übung dabei sein, sondern beobachten das bunte Leben lieber von einem bequemen Platz aus. Anstatt sich mit dem Nachbarkater zu prügeln oder stundenlang auf die Pirsch zu gehen, dösen Katzensenioren lieber gemütlich auf der Fensterbank oder an einem anderen warmen Aussichtsplatz. Das Mausen lassen lässt Katze deswegen aber noch lange nicht.

Wie Katzenjahre zählen

Die alte Rechnung »Ein Katzenjahr sind sieben Menschenjahre« hat noch nie gestimmt. Aus Beobachtungen von Zoologen und Tiermedizinern können wir heute zutreffendere Vergleiche ziehen. Eine einjährige Katze ist demnach 15 Menschenjahre alt, eine zweijährige 25. Die nächsten vier Katzenjahre schlagen dann mit je 5 Menschenjahren zu Buche, bis zum 12. Geburtstag kommen jedes Jahr vier Menschenjahre hinzu.
Jedes weitere Jahr zählt nur noch drei Menschenjahre (→ Checkliste rechts).

> *Ein Schläfchen in Ehren – und der vertraute Kumpel hält derweil Wache.*

Es gibt individuelle Unterschiede

Natürlich stimmen auch solche Rechnungen nur ungefähr: Gleichaltrige Katzen lassen sich ebenso wenig über einen Kamm scheren wie gleichaltrige Menschen. »Man ist so alt, wie man sich fühlt«, sagen wir von uns. Bei Katzen ist es nicht anders. Die eine zeigt sich schon mit acht Jahren von der behäbigen Seite, die andere wirbelt auch mit 13 noch herum. Auf das »gefühlte« (und nach außen sichtbare) Alter haben jedoch außer der genetischen

CHECKLISTE

Von Katzenjahren und Menschenjahren

Katzen		Menschen
✔ 1 Jahr	=	15 Jahre
✔ 2 Jahre	=	25 Jahre
✔ 4 Jahre	=	35 Jahre
✔ 6 Jahre	=	45 Jahre
✔ 8 Jahre	=	53 Jahre
✔ 10 Jahre	=	61 Jahre
✔ 12 Jahre	=	69 Jahre
✔ 13 Jahre	=	72 Jahre
✔ 14 Jahre	=	75 Jahre
✔ 15 Jahre	=	78 Jahre
✔ 17 Jahre	=	84 Jahre
✔ 19 Jahre	=	90 Jahre
✔ 20 Jahre	=	93 Jahre
✔ 22 Jahre	=	99 Jahre
✔ 25 Jahre	=	108 Jahre

Veranlagung auch Gesundheitszustand, Ernährung und die allgemeinen Lebensbedingungen großen Einfluss. Mit anderen Worten: Zu einem großen Teil haben wir selbst in der Hand, wie gut es unseren schnurrenden Senioren geht. Wir können dafür sorgen, dass sie sich bei uns wohl fühlen, ganz gleich, ob sie zum Dach über dem Kopf noch ein »Draußen-Revier« besitzen oder ob ihr kleines Königreich auf die Wohnung beschränkt ist. Wir können

ihnen ihre Ruhe gönnen, ihnen aber trotzdem so viel Anregung bieten, dass sie fit und munter bleiben. Und mit der richtigen Ernährung und der Unterstützung des Tierarztes können wir auch einiges für ihre Gesundheit tun.
Und natürlich können wir unseren »Oldies« ganz viel Liebe geben.

Die Entwicklungsphasen des Katzenlebens

Katzenbaby: Mit dünnem Haarkleid und schwachen Beinchen, blind und fast taub kommen Kätzchen nach etwa 9 Wochen Tragzeit auf die Welt. Sie sind ganz und gar auf Mutters Fürsorge und Wärme angewiesen.
»Kleinkind«: Mit etwa vier Wochen wird das Katzenbaby zum Kleinkind. Es hört mittlerweile recht gut, blickt aus blauen Augen neugierig in die Welt und kann jeden Tag ein bisschen besser laufen, klettern und springen. Es probiert erste Futterbröckchen und fängt an, die Katzentoilette zu benutzen. Die »sensible Phase« fällt genau in diese Zeit. Das bedeutet: Zwischen der dritten und dem Ende der siebten Lebenswoche fällt es dem Katzenkind

> *Rückenstärkung: Wird die Katze so gekrault, dehnt sie wohlig ihr Rückgrat.*

CHECKLISTE

Altersanzeichen

Verhalten
✔ Die Katze wird ruhiger.
✔ Sie schläft und döst länger.
✔ Sie sucht häufiger warme Plätze auf.
✔ Statt mitzumischen, beobachtet sie lieber.
✔ Sie akzeptiert Veränderungen langsamer und hängt an ihren Gewohnheiten.
✔ Sie besteht unbedingt auf Pünktlichkeit.
✔ Sie reagiert langsamer.

Sichtbare Veränderungen in höherem Alter
✔ Die Zähne werden schlechter.
✔ Die Katze wirkt eher knochig als muskulös.
✔ Das Körperfett konzentriert sich in der Bauchregion.
✔ Das Fell wird dünner und zeigt weniger Glanz.
✔ Die Haut wird schuppiger.
✔ Die Katze verliert Gewicht.

Organische Veränderungen
✔ Der Stoffwechsel arbeitet langsamer.
✔ Das Immunsystem wird schwächer.
✔ Die Katze hört und sieht schlechter.
✔ Der Geruchssinn wird schwächer.
✔ Muskeln, Sehnen und Gelenke verlieren an Kraft und Geschmeidigkeit.

1 Neugierde

Ihre Neugierde legt die Katze auch auf ihre alten Tage nicht ab. Immer muss sie mit der Nase dabei sein, und das ist auch gut so. Denn so bleibt sie offen für Anregungen und empfänglich für neue Reize. Ein duftender Blumenstrauß oder andere Mitbringsel machen die vertraute Wohnung immer wieder von neuem interessant.

2 Spielen

Auch für Katzensenioren bedeutet Spielen Zeitvertreib, Anregung, Intelligenz- und Fitnesstraining. Am liebsten spielen sie gemeinsam mit ihrem Menschen, aber sie können sich auch mit Spielmäusen und anderem Beuteersatz amüsieren. Vor allem, wenn der schön nach Katzenminze oder getrocknetem Baldriankraut duftet ...

besonders leicht, soziale Bindungen zu knüpfen. Nicht nur zu den Artgenossen, sondern auch zu uns Menschen. »**Schulzeit**«: Sie schließt sich nahtlos an. Im Familienverband lernen die kleinen Tiger, was sie fürs Leben brauchen, und üben spielerisch alle Verhaltensweisen der Erwachsenen ein. Inzwischen bekommen sie regelmäßig feste Nahrung zugefüttert und striegeln sich mit ihrer Zunge das Fell wie die Großen. Gesäugt werden die Kätzchen immer seltener, mit acht, neun Wochen sind sie

meist entwöhnt. Die Augen haben ihre endgültige Farbe. »**Schulabschluss**«: Er ist mit etwa der zwölften Woche erreicht. Jetzt geht es meist in ein neues Zuhause. Der Platzwechsel fällt den »Halbstarken« nur im ersten Moment schwer, denn sie sind begierig darauf, Neuland zu erobern. Der Mensch wird für sie zur »Superkatze«, noch besser als die Mama: Wärme, Zuwendung, Zärtlichkeit und nicht zuletzt Futter – für alles sorgt der Zweibeiner.
»**Pubertät**«: Mit etwa acht Monaten erwacht der Ge-

schlechtstrieb, bei Siamesen oft schon ein bis zwei Monate früher, bei Langhaar-Rassen manchmal später. In der »Hitze« haben Katzen und Kater nur noch das Eine im Sinn. Für die beste Lösung des Problems sorgt der Tierarzt: Nach der Kastration ist Schluss mit Gesang und Gestank, die Tiere vermissen nichts und es gibt keine unerwünschten Katzenkinder.
»**Erwachsen**«: Erst mit zwei Jahren ist eine Katze wirklich ausgewachsen, Kater erreichen ihre endgültige Größe oft erst mit drei Jahren.

Verhaltensdolmetscher
Katzensenioren

Kennen Sie die Katzensprache wirklich ganz genau? Hier erfahren Sie, was Ihr »Oldie« mit seinem Verhalten »sagen« möchte ❓ und wie Sie richtig darauf reagieren ➡.

> Ihr Katzensenior gähnt Sie herzhaft und ausgiebig an.

❓ Die Katze zeigt Ihnen damit, dass ihr der Sinn nach Ruhe und Frieden steht.

➡ Sprechen Sie dem Tier beruhigend zu, und gönnen Sie ihm die Siesta.

> Ihre Katze kommt mit hochgerecktem Schwanz auf Sie zu.

❓ Das heißt: »Hallo, mir geht's gut – wollen wir etwas unternehmen?«

➡ Sagen Sie etwas Nettes und folgen Sie ihr, sobald sie so vor Ihnen herläuft.

Im Spiel hebt Ihr Senior die krallenbewehrte Pfote.

❓ Er fühlt sich bedrängt oder überfordert: »Bis hierher und nicht weiter!«

➡️ Unterbrechen Sie das Spiel und beruhigen Sie Ihre Katze.

Ihre Katze schaut Ihnen intensiv in die Augen.

❓ Sie will mit Ihnen Kontakt aufnehmen.

➡️ Blinzeln Sie ihr zu – mit diesem »Lächeln« zeigen Sie Ihre Sympathie.

Sie hält das Spielzeug mit Krallen und Zähnen fest.

❓ Sie will sich an der »erlegten« Beute abreagieren.

➡️ Lassen Sie die Katze gewähren – und gönnen Sie ihr beim Spiel viele erfolgreiche »Fänge«.

Die Katze rollt sich auf die Seite und pfotelt mit eingezogenen Krallen.

❓ Ihr Senior hat Lust auf Spielen oder Streicheleinheiten.

➡️ Beschäftigen Sie sich ausgiebig mit ihm.

Fragen rund ums Alter

? Ich ziehe in eine andere Stadt. Was soll aus meiner 15-jährigen, sehr anhänglichen Wohnungskatze Lilli werden? Meine Eltern, die Lilli im Urlaub betreuen, würden sie behalten. Die Katze hat mir aber nach jedem Urlaub ganz deutlich gezeigt, wie sehr sie sich freut, dass ich wieder da bin, und ich habe sie ebenfalls vermisst. Deshalb möchte ich sie lieber mitnehmen. Ich glaube, das sollten Sie auch. Lilli wird einen Umzug sicher besser verkraften als eine Trennung von Ihnen, denn als Wohnungskatze hat sie allem Anschein nach eine besonders starke Bindung zu ihrem Menschen entwickelt. Bereiten Sie den Umzug so vor, dass möglichst wenig Stress entsteht, und nehmen Sie viel »alte Heimat« ins neue Heim mit – so wird Ihrer Lilli die Umstellung nicht ganz so schwer fallen.

? Mein jetzt 15-jähriger Kater Louis war schon immer sehr »gesprächig«. Mittlerweile entwickelt er allerdings beim Miauen eine ziemlich penetrante Lautstärke. Hat das etwas mit dem Alter zu tun?
Ganz sicher. Wie die meisten Senioren hört Louis inzwischen wohl nicht mehr so gut und »spricht« deshalb lauter.

Geben Sie ihm besonders viel Zuwendung, und sorgen Sie für Anregung – dann wird er keine lauten »Klagelieder« singen.

? Ich habe von meinen Eltern eine sehr liebe 17-jährige Katze übernommen. Sie ist schon etwas steif in den Gelenken und sieht und hört wohl auch nicht mehr allzu gut. Sie ist keinen Auslauf gewöhnt, hätte bei mir aber die Möglichkeit. Kann ich es überhaupt wagen, sie nach draußen zu lassen?
Lieber nicht. Mit den erwähnten körperlichen Einschränkungen wird es ihrer Katze schwer fallen, sich in unbekanntem Gelände zurechtzufinden und eventuell auftretende Gefahren zu meistern. Anders liegt die Sache, wenn Sie die Terrasse oder ein Stückchen Garten katzensicher rundum einzäunen können. Aufenthalt im

Kraulen tut gut! Aber jetzt ist das Katzenminze-Spielzeug interessanter.

Freiluft-Gehege könnte Ihrer alten Dame durchaus gut tun – vorausgesetzt, sie kann jederzeit wieder herein und Sie bleiben erst mal in der Nähe.

? **Ich helfe gelegentlich im Tierheim und habe dort eine 13-jährige Katze so lieb gewonnen, dass ich sie gern zu mir nehmen möchte. Freunde versuchen mir das auszureden und meinen, ich solle mich lieber für ein junges Tier entscheiden, von dem ich länger etwas hätte. Wozu raten Sie mir?**
Ich finde, Sie sollten auf Ihr Herz hören und die 13-jährige Katze nehmen. Sie können durchaus noch ein paar schöne Jahre lang »etwas von ihr haben« und die alte Katzendame würde noch einmal rundum glücklich. Im Übrigen hat ein junges Tier ohnehin größere Chancen, wieder ein Zuhause zu finden. Lassen Sie sich also nicht beirren!

? **Unser Kater Billy ist schon 14 Jahre alt und sehr bequem geworden. Können wir ihn zu »Fitness«-Übungen bewegen?**
In der Tat. Sie können ihm zum Beispiel im wahrsten Sinne des Wortes den

»Rücken stärken«. Katzen haben zwar das genüßliche Recken und Strecken »erfunden«, aber die älteren Herrschaften können auch in dieser Beziehung ein bisschen faul werden. Hier ein Trick, wie Sie den Senior zu einer zusätzlichen Stretching-Übung verführen können: Kraulen Sie ihn sanft oben am Schwanzansatz – er wird reflexartig einen »Katzenbuckel« machen. Das dehnt und kräftigt sein Rückrat.

? **Wir haben eine etwa 10 Jahre alte Katze aus dem Tierheim geholt. Katinka ist sehr lieb. Leider hat sie eine schlechte Angewohnheit: Sie springt auf den Tisch. Können wir ihr das in ihrem Alter noch abgewöhnen?**
Sicher. Mit Liebe, Geduld und Konsequenz lässt sich auch eine ältere Katze noch erziehen. In diesem speziellen Fall kann ein Trick helfen: Bekleben Sie den Tisch mit doppelseitigem Klebeband. Wenn Katinka zum Sprung ansetzt, verbieten Sie es mit dem üblichen »Nein«. Springt sie trotzdem, machen ihre Pfoten unliebsame Bekanntschaft mit dem Klebeband.

MEINE TIPPS FÜR SIE

Brigitte Eilert-Overbeck

Die Vorteile eines Katzenseniors

Falls Sie sich einen samtpfotigen Hausgenossen erst noch zulegen wollen: Wie wär's mit einem Katzensenior?

➤ Eine ältere Katze passt besonders gut zu Ihnen, wenn Sie ein eher ruhiges Temperament haben, Single sind und/oder selbst zu den älteren Semestern gehören.

➤ Ein Katzensenior ist in der Regel bereits (gut) erzogen und hat einen gefestigten Charakter. Er braucht weniger Beschäftigung als ein Jungtier, wird in der Wohnung kein Chaos anrichten und sich Ihnen gut anpassen, wenn Sie ihm ähnliche Lebensumstände wie im alten Zuhause bieten.

➤ Einer älteren Katze, die ein neues Heim sucht, retten Sie unter Umständen das Leben und sichern ihr einen schönen Lebensabend. Sie wird es Ihnen mit besonderem Vertrauen und Anhänglichkeit danken.

Alltags-Programm

Ein Ruhestand zum Schnurren

Endlich nicht mehr arbeiten! Mancher berufstätige Mensch hat sich darauf gefreut – und dann doch den berüchtigten »Pensionsschock« erlitten. Der Ruhestand will eben vorbereitet sein. Am schönsten ist es, wenn er mit einem sanften Übergang eingeleitet

> Komm' ich da noch hoch? Senioren freuen sich über »Aufstiegshilfen«.

wird. Für Ihren Katzen-Senior gilt das ebenso. Mit dem kleinen Unterschied, dass die Vorarbeit für den Übergang bei Ihnen liegt.

Garten und Balkon gestalten

Garten: Auch wenn die Katze noch mitten im aktiven Jägerleben steht, lohnt es sich, schon mal die Umgebung unter die Lupe zu nehmen. Etwa den Garten. Vielleicht können Sie nahe am Haus ein paar zusätzliche Wohlfühl-Inseln schaffen: Vor Wind und Regen geschützte Aussichtsplätze, ein Extra-Platz an einem sonnigen Fleckchen, ein Mini-Beet mit Katzenminze, eine wetterfeste »Höhle« zum Verstecken. Das kann zum Beispiel ein ausrangiertes Schränkchen sein. Oder ein zweckentfremdetes, weich ausgepolstertes Kat-

zenklo mit Dach. Keine Sorge, wenn die Katze die neuen Angebote erst einmal links liegen lässt. Ganz allmählich wird sie die Plätze in Besitz nehmen.

Balkon: Lebt Ihre Katze vorwiegend in der Wohnung und hat nur den Balkon als Frischluftrevier? Auch hier können Sie Ihrem Liebling eine besondere Freude machen. Besorgen Sie ihm beispielsweise einen echten Baumstamm, und befestigen Sie in einer Astgabel eine Aussichtsplattform. Hier kann die Katze hinaufklettern und hat einen prima Überblick. Auch eine wetterfeste »Höhle« findet Anklang.

> *Lieblingssport der späten Jahre: Dösen an gemütlichen Plätzen. Stellen Sie Ihrem Senior zusätzliche Kuschelkörbchen bereit – am besten da, wo die Sonne den Pelz wärmen kann.*

Wohnungs-Check

Auch im Katzenrevier Wohnung ist nun eine Bestandsaufnahme fällig. Der kleine Hausgenosse ist natürlich längst schon stolzer Besitzer von Kratzbaum und Kuschelkörbchen und hat auch seine Lieblingsplätze auf der zweiten Ebene: Ein eleganter Sprung, und schon liegt er auf der sonnenbeschienenen Fensterbank, auf der Heizung, dem Kühlschrank oder der Anrichte. Warten Sie nicht, bis sich verunglückte Sprungversuche häufen: Solche Missgeschicke sind dem Senior sichtlich peinlich. Ein bereitgestellter Stuhl oder Schemel erleichtert den »Höhenflug« diskret. Manche Katzen wollen höher hinaus, um vom Schrank oder vom Bücherbord aus auf ihr Reich und ihre Menschen herabschauen zu können. Für sie ist eine Kletterhilfe ideal, denn Klettern macht auch den betagteren Semestern keine Schwierigkeiten. Mit Tau umwickelte Pfosten, Bretter mit Quersprossen, Leitern, Treppen-Konstruktionen – da liegt ein weites Betätigungsfeld für Heimwerker. Und eine Herausforderung, weil es ja auch außerdem gut aussehen soll.

Der Zoofachhandel bietet viele attraktive Kratz- und Kletterbäume mit kuscheligen Liegeplätzen und integrierten Schlaf- und Wohnhöhlen an. Wer es irgendwie mit Geldbeutel, Wohnungsgröße und Einrichtungsstil vereinbaren kann, sollte zugreifen: Die Samtpfote hat damit eine traumhaft schöne »Senioren-Residenz«.

Ein Tag im Seniorenleben

Auch wenn Ihre Katze langsam in die Jahre kommt, ändert sich an ihrem Tagesplan zunächst nicht viel. Ganz langsam dehnt sie die über Tag (und Nacht) verteilten zehn Stunden Schlaf ein wenig aus – wie auch die weiteren fünf bis sechs Stunden,

Pirsch, Jagd und Spiel nehmen etwa drei bis vier Stunden in Anspruch, ebenso wie Körper- und Krallenpflege. Diese »aktiven« Phasen reduzieren sich im Lauf der späten Jahre langsam. Ein bisschen Herumbummeln gehört noch zum Tagespensum und natürlich Essen und Trinken, zusammen macht das etwa anderthalb Stunden.

Geliebte Gewohnheiten

Von Anfang an genießt es die Katze, wenn ihr Tagesprogramm einen verlässlichen Rahmen hat. Sie will sich in ihrer vertrauten Umgebung geborgen fühlen, geliebt und umsorgt von »ihrem« Menschen. Veränderungen schätzt sie nicht besonders, schon gar nicht, wenn die überraschend hereinbrechen. Katzen hängen sehr an ihren lieben Gewohnheiten, und dieser Wesenszug verstärkt sich mit der Zeit. Ihr »Gewohnheitstier« freut sich, wenn Sie darauf Rücksicht nehmen.

Gemeinsame Rituale: Genießen Sie gemeinsame Rituale: Fernseh-Nachrichten angucken und Tageszeitung studieren in schnurrender Gesellschaft, Füße hochlegen und entspannen mit der Katze auf dem Schoß.

Sie wird schon bald zu den entsprechenden Zeiten von selbst ankommen. Legen Sie

> *Was ist da los? Erst mal alles vom sicheren Platz aus beobachten …*

die dem süßen Nichtstun gewidmet sind: Dösen, ruhen, in der Sonne liegen oder sich auf dem Schoß des Lieblingsmenschen räkeln.

TIPP

Haarballen loswerden

➤ Katzengras hilft, die im Magen zusammengeballten Haare zu erbrechen. Für langhaarige Katzen und Wohnungskatzen unerlässlich!

➤ Etwas Malzpaste (aus dem Zoogeschäft) jeden zweiten Tag direkt vom Finger schlecken lassen fördert die natürliche Ausscheidung der verschluckten Haare.

➤ Auch Pflanzenöl (Distel-, Sonnenblumen-, Maiskeim- oder Traubenkernöl) hilft, verschluckte Haare über den Darm auszuscheiden. Geben Sie täglich einen Teelöffel voll ins Futter.

da, wo Sie sich länger aufhalten, die eine oder andere Extra-Decke bereit, und freuen Sie sich über die Gesellschaft, auch wenn Ihre Samtpfote dort einfach nur vor sich hin döst: eine ruhende Katze verbreitet Harmonie und Wohlbehagen.

»…und zwar sofort!«: Ihr Senior hat Ihnen eine Menge zu geben. Dafür darf er auch etwas fordern. Das macht er nachdrücklicher und drängender als früher. Warten ist nichts für die Herrschaften im Ruhestand. Pünktliches Frühstück, Auslass auf den Balkon, eine Extra-Schmuserunde – Ihr »Oldie« weiß nicht nur, was er will, sondern auch, was er anstellen muss, um es von Ihnen zu kriegen. Und zwar sofort!

Eigensinn gehört dazu: Auch der sprichwörtliche Eigensinn der Katze verstärkt sich mit den Jahren. Öfter als früher wird sie versuchen, ihren Kopf durchzusetzen. Für uns sieht das so aus, als würde sie auf ihre alten Tage Marotten entwickeln. Die eine besteht von einem Tag auf den anderen darauf, mit der Familie am Frühstückstisch zu sitzen, die andere lässt sich grundsätzlich die

> *Jetzt ist Spielzeit! Senioren fordern ihre geliebten Rituale ein und bestehen dabei immer mehr auf Pünktlichkeit.*

Treppe hinuntertragen (obwohl sie noch gut zu Fuß ist), eine dritte nimmt die ersten Bissen des Tages nicht aus dem Futternapf, sondern will sie direkt ins Mäulchen gelöffelt haben. Manche suchen sich plötzlich neue Schlaf-

plätze im Kleider- oder Wäscheschrank, andere zeigen ihren Dickkopf am Futternapf. Wo es nicht stört und keine Gefahren bestehen, lassen Sie Ihrem Senior seinen Willen: »Schön, dass mein Mensch mich versteht …«

21

Veränderungen akzeptieren lernen

Katzen haben am liebsten alles »wie immer schon«. In späteren Jahren tritt dieser Wesenszug sehr deutlich zu Tage. Was also tun, wenn mal renoviert werden muss oder Sie Lust auf Neues haben?

> Veränderung liegt in der Luft? Katzen registrieren das ganz genau.

➤ Beschäftigen Sie sich ausgiebig mit Ihrer Samtpfote, reden Sie ihr beruhigend zu und schaffen Sie ihr Rückzugsplätze und Verstecke.

➤ Halten Sie möglichst Essplatz und Katzentoilette aus der Trubelzone heraus. Wenn Sie langsam und behutsam vorgehen, hält sich der Umstellungs-Stress für Ihren Liebling in Grenzen.

➤ Bei veränderten Lebenssituationen wie z. B. Trennung, neuer Partnerschaft oder Umzug gilt: Geben Sie Ihrem Oldie sehr viel Zuwendung, und halten Sie eingespielte Rituale aufrecht, das tröstet über die Verunsicherung hinweg. Auch Ihnen tut so ein Stück Verlässlichkeit gut – vor allem bei unfreiwilligen Veränderungen.

➤ Ihr Schmusetiger mag auf seine alten Tage fordernder und eigenwilliger werden, ein starrsinniger Haustyrann wird trotzdem nicht aus ihm. Schon in seinen ersten Lebensmonaten hat er gelernt, dass man manchmal Kompromisse schließen muss. Mit anderen Katzen ebenso wie mit diesen etwas sonderbaren Artgenossen auf zwei Beinen. Also keine Angst, auch Ihr Oldie stellt sich nach und nach auf Veränderungen ein.

Katzensenioren und Kinder

Wenn Kind(er) und Katze zusammen aufgewachsen sind, gibt's auch in späten Katzenjahren kein Problem: Das Kind hat längst gelernt, die Bedürfnisse seines kleinen Freundes zu respektieren. Durch Ihr Vorbild und natürlich auch durch den sanften Druck der Samtpfote – Katzen sind sehr begabte Menschen-Erzieher.

➤ Kommt die ältere Katze neu in eine Familie, brauchen die Kinder ein bisschen Nachhilfe. Zeigen Sie ihnen, was der Senior gern hat, und erklären Sie ihnen, was er nicht mag. Viele Kinder sind stolz, wenn sie helfen dürfen, zum Beispiel Futter hinstellen oder behutsam bürsten. Solche Handgriffe sind geeignet, erste zarte Freundschaftsbande zu knüpfen.

➤ Übergriffe wie Schläge, Tritte oder Am-Schwanz-Ziehen dürfen Sie auch kleineren Kindern nicht durchgehen lassen. Es kann freilich auch passieren, dass sich ein gesetzter Senior von zu viel

»handgreiflichen« Liebesbeweisen bedrängt fühlt und schon einmal die Krallen ausfährt. Meist hilft es schon, die Kinder daran zu erinnern, wie sie sich fühlen, wenn Tanten oder Omas sie mit Liebe fast erdrücken. Wenn das Kind die Katze mit Rücksicht und Respekt behandelt, steht einer wunderbaren Freundschaft nichts im Weg (→ Checkliste rechts).

Eine ältere Katze kommt ins Haus

Alte Bäume verpflanzt man nicht. Bei älteren Katzen geht's nicht anders, wenn sie ihre Menschen überleben oder wenn diese aus einem anderen Grund nicht mehr für sie sorgen können. Für die Katze ist das ein Schock, der sie zunächst einmal aus der Bahn werfen kann (→ Tipp, Seite 25). Aber der Senior kann in einem neuen Zuhause wieder glücklich werden. Vorausgesetzt, er findet dort Liebe und Geduld und nach Möglichkeit ähnliche Lebensbedingungen wie im alten Zuhause.

Freundliche Übernahme

Der Katzen-Senior der Eltern oder anderer nahe stehender

> *Mit Veränderungen klarkommen – auch der vertraute Kumpel hilft dabei.*

Menschen ist für Sie in aller Regel ein guter Bekannter. Wenn Sie sich früher als Catsitter um ihn gekümmert haben, besteht sogar ein Vertrauensverhältnis. Das lindert Trennungsschmerz und erleichtert das Eingewöhnen. Nehmen Sie aus dem alten Zuhause viel Vertrautes mit: Körbchen, Decke, Näpfe, Spielzeug… – das hilft gegen das Heimweh.
Das gilt auch, wenn Sie von Bekannten oder Fremden eine ältere Katze übernehmen, die Sie nicht kennen. Gut, wenn Sie sich vorher

CHECKLISTE

Was Kinder beachten müssen

Streicheln

✔ Die Katze nur dann streicheln, wenn sie es möchte.

✔ Immer mit der Wuchsrichtung des Fells streicheln.

✔ Nicht am Bauch streicheln, denn dort sind Katzen sehr empfindlich.

Spielen

✔ Beim Spielen nicht die Hände als Spielzeug einsetzen. Besser sind Katzenangeln, kleine Bälle oder Fellmäuse.

✔ Katze nicht beim Schlafen oder Fressen stören, um mit ihr zu spielen.

Lärm

✔ Katzen verabscheuen zum Beispiel laute Musik oder auch Geschrei.

»beschnuppern« können und so viel wie möglich über den künftigen Hausgenossen erfahren: Gewohnheiten, Futtervorlieben, Gesundheitszustand, Impfungen (Impfpass mitgeben lassen!).

Über den Gesundheitszustand sollten Sie sich auch informieren, wenn Sie sich für einen Katzensenior aus dem Tierheim entscheiden. Das ist kein Problem, denn die Heime werden tierärztlich betreut. Leider warten viele ältere Tierheim-Katzen vergeblich auf ein neues Zuhause. Schade – mancher verpasst so einen besonders anhänglichen und auch sehr dankbaren Gefährten.

So wird der Senior leichter heimisch

Sie helfen Ihrem Oldie bei der Eingewöhnung, wenn Sie
➤ ihm keine Zärtlichkeiten aufdrängen, sondern geduldig abwarten, bis er von sich aus auf Sie zukommt;
➤ ihn so oft wie möglich in ruhigem Tonfall ansprechen;
➤ ihm zeigen, dass er sich auf Sie verlassen kann (geregelter Tagesablauf, pünktliche Mahlzeiten und eine saubere Katzentoilette);
➤ ihm Spielangebote machen (Bällchen rollen, Kordel schlängeln usw.).

Wenn Sie diese Regeln befolgen, fühlt sich Ihr »Neuzugang« innerhalb kurzer Zeit wohl und fasst schnell Vertrauen zu Ihnen.

Mit viel Geduld und Aufmerksamkeit lassen sich friedfertige Katzen und Kaninchen aneinander gewöhnen. Manchmal wird sogar eine Kuschelfreundschaft fürs Leben daraus…

> *Eine Katze ist schon da?
> Mit sanfter Hilfe wird sie
> die »Neue« akzeptieren.*

Ein Senior als Zweit-katze

Wollen Sie den Senior Ihrer bereits zu Hause regierenden Samtpfote zugesellen? Sie können beiden Katzen viel Eingewöhnungsstress ersparen, wenn Sie darauf achten, dass die Tiere »kompatibel« sind. Erwachsene Kater dulden einander eher als weibliche Katzen, zu einem dominanten Tier passt ein sanftes besser als eine weitere Herrschernatur. Sollten sich von Anfang an Schwierigkeiten abzeichnen, ist es vielleicht besser, für den Senior nach einem anderen guten Platz zu suchen. Wenn es hart auf hart kommt und Sie keine andere

Möglichkeit finden, lassen sich mit viel Liebe und Geduld aber auch schwierige Fälle zumindest zu friedlicher Ko-Existenz bewegen. Ausnahmen gibt es – leider.

Eine Junge für den Oldie?

Wenn Ihr Senior bisher zufriedenes »Einzelkind« war, ersparen Sie ihm besser den Stress, den eine neue Katze mit sich bringt. Hat er dagegen einen Kumpel verloren, ist die Anschaffung einer neuen Katze durchaus eine Überlegung wert. Katzenkinder werden im Allgemeinen leichter akzeptiert als erwachsene Artgenossen. Bedenken Sie aber: Ein »Halbstarker« wird mit seinem tollen Temperament manchen Oldies zu anstrengend.

Fremde werden Freunde

Gleich, ob Sie ein jüngeres Tier oder einen Senior als Zweitkatze aufnehmen: Gehen Sie der ersten Katze tüchtig um den Bart. Etwa drei bis vier Wochen dauert es im Allgemeinen, bis das Eis bricht. Achten Sie darauf, dass jeder sich zurückziehen kann. Streit unterbinden Sie besser schon im Vorfeld: mit Streicheln, gutem Zureden, Spielangeboten zur Ablenkung. Oder, wenn's ohnehin an der Zeit ist, mit gemeinsamer Fütterung (aus getrennten Näpfen). Extra-Leckerbissen taugen dagegen nicht zum Befrieden: Allzu leicht setzt sich so in den Katzenköpfen fest: »Wenn wir stänkern, gibt's was Gutes.« Belohnen Sie die beiden, wenn sie nett zueinander sind.

TIPP

Umzugsstress lindern

➤ Dem Senior zunächst nur ein Zimmer mit Katzentoilette zur Verfügung stellen.

➤ Im Zimmer für ausreichend Versteck- und Liegemöglichkeiten sorgen.

➤ Der Katze Tag für Tag mehr Zimmer der Wohnung eröffnen, bis sie alles kennt und sich sicher und zu Hause fühlt.

➤ Unterstützend bei Stress können Bachblüten wirken. Fragen Sie Ihren Tierarzt.

Auch im Alter tipptopp gepflegt

Von wegen »Katzenwäsche« – reinlicher als unser kleiner Tiger kann ein Tier gar nicht sein! Täglich drei bis vier Stunden lustvoll betriebene Körperpflege lassen zumindest Kurzhaarkatzen jederzeit wie aus dem Ei gepellt aussehen. Die Putzlust ist ein Erbe der wilden Vorfahren. Das glatt gebürstete Fell, in dem jedes Härchen an seinem Platz liegt, dient nicht nur als Klimaanlage, die je nach Bedarf gegen Wärme und Kälte isoliert, sondern auch als perfekter Jagd-Overall. Damit kann eine Katze, ohne hängen zu bleiben, durch jedes Gelände pirschen.

Bitte bürsten!

Langhaarige Katzen brauchen von klein auf Nachhilfe bei der Fellpflege: Das angezüchtete Haarkleid verfilzt schnell, wenn es nicht täglich gekämmt und mindestens ein- bis zweimal pro Woche gebürstet wird. Kluge Kurzhaarkatzen-Freunde gewöhnen ihre Vierbeiner ebenfalls frühzeitig an Kamm und Bürste und gönnen ihnen wöchentlich ein bis zwei Schönheitssitzungen, während des Fellwechsels im Herbst und Frühjahr auch mehr. Denn: Jung gewohnt ist alt getan. Einem Katzen-Senior erstmals die Bürste schmackhaft zu machen,

> *Jede gesunde Katze legt großen Wert auf ein sauberes, glattes Fell.*

CHECKLISTE

Wichtige Pflegemaßnahmen

Fell
- ✔ Langhaarkatzen täglich kämmen und bürsten.
- ✔ Kurzhaarkatzen ein- bis zweimal wöchentlich bürsten, bei Haarwechsel häufiger, gelegentlich kämmen. Hochbetagte Oldies möglichst täglich kämmen und bürsten.

Zähne
- ✔ Öfter »Zahnpflege-Futter« servieren.
- ✔ Einmal monatlich Gebiss und Zahnfleisch auf Beläge und Entzündungen kontrollieren.

Augen
- ✔ Absonderungen und Verkrustungen mit feuchtem Tuch wegwischen.

Ohren
- ✔ Gelegentlich mit einem feuchten Tuch »entstauben«. Bei Belägen und Ohrmilben zum Tierarzt.

After und »Hosen«
- ✔ Bei nicht mehr so beweglichen Senioren täglich kontrollieren. Kotreste mit feuchtem Tuch entfernen.

Krallen
- ✔ Kratzflächen »schmackhaft« machen (z. B. mit Katzenminze).
- ✔ Zu lange Krallen ein- bis zweimal jährlich vom Tierarzt kürzen lassen.

1 Wohltuende Massage

Eine »Abreibung« mit dem Noppenhandschuh ist für Kurzhaarkatzen optimale Fellpflege und eine höchst angenehme Massage. Selbst Katzensenioren, die nicht an Kamm und Bürste gewöhnt sind oder sich bislang nicht dafür begeistern konnten, genießen die für Kreislauf und Stoffwechsel anregenden Streicheleinheiten.

2 Schmusestunde

Nach dem Bürsten, Kämmen oder der Noppenhandschuh-Massage darf ausgiebig gekrault werden. Eventuell noch vorhandene Knoten oder kleinere Verfilzungen lassen sich mit dem sprichwörtlichen Fingerspitzengefühl entwirren. Krönender Abschluss des Schönheits-Rituals: Schmusen, solange der Senior mag.

kann dagegen schwierig werden. Er braucht jedoch spätestens dann unsere Unterstützung bei der Fellpflege, wenn er nicht mehr so beweglich ist, dass er mit Zunge und Pfote überall hinkommt. Katzen sollten im sehr fortgeschrittenen Alter sogar täglich ein paar Minuten gekämmt und gebürstet werden. Da nun auch der Haarwechsel viel langsamer vonstatten geht als früher, bilden sich besonders entlang der Rückenmitte oft regelrechte »Filzmatten«. Es spricht also alles dafür, mit dem Bürsten früh anzufangen, spätestens in den »besten Jahren«. Der Zoofachhandel bietet für Katzen Bürsten aus Naturborsten, Fellpflege-Handschuhe, Gumminoppen-Bürsten oder auch weiche Drahtbürsten – probieren Sie aus, was Ihre Katze besonders gern mag.

Zahnpflege

Zähne putzen? Ihr Senior wird sich bedanken! Schade, denn Zahnprobleme häufen sich im Alter und mittlerweile gibt es tatsächlich Zahnbürsten für Katzen. Sehen Sie trotzdem von Zwangsmaßnahmen ab! Wenn die Zähne sich immer mal wieder an größeren gekochten Fleischbröckchen oder speziellen Zahnpflege-Snacks »abarbeiten« können, ist schon viel gewonnen. Schauen Sie darüber hinaus Ihrem Oldie regelmäßig ins Mäulchen: Entzündetes Zahnfleisch (dunkelrot verfärbt), starke Beläge und übler Mundgeruch signalisieren: Höchste Zeit für einen Tierarztbesuch!

Hinweis: Welche Pflegemaßnahmen sonst noch sinnvoll sind, finden Sie auch auf den Seiten 28 und 29 beschrieben.

Fragen rund um Alltag und Pflege

❓ Seit einiger Zeit hat mein Kater Carlo starke Absonderungen in den Augenwinkeln, die schnell verkrusten. Leidet er an einer Augenkrankheit?
Wahrscheinlich nicht. Tatsache ist, dass sich in den Augenwinkeln älterer Katzen leicht Absonderungen aus den Tränenkanälen sammeln, die manchmal auch verkrusten. Bei Perserkatzen ist das sogar oft schon in jungen Jahren der Fall. Damit es nicht zu Entzündungen kommt, sollten Sie diese Verschmutzungen regelmäßig mit einem sauberen Tuch und warmem Wasser entfernen. Immer in Richtung Nase wischen!

❓ Meine Katze Thea schüttelt seit kurzer Zeit häufig den Kopf hin und her, so, als wolle sie etwas aus den Ohren herausschütteln. Was hat das zu bedeuten?
Katzenohren bleiben normalerweise sauber. Wenn sich jedoch Schmutz und Ohrschmalz ablagern, kann das zu Entzündungen führen. Bräunliche Verfärbungen auf dem Läppchen, unangenehme Gerüche aus dem Ohr, häufiges Schütteln oder Schiefhalten der Ohren sind Anzeichen für Entzündungen oder Ohrmilben. Sofort zum Tierarzt! Manche Katzen neigen zu Ohr-Belägen. Der Tierarzt wird Ihnen in diesem Fall entsprechende Pflegemittel empfehlen. Vorbeugung: Von Zeit zu Zeit die äußeren Ohrmuscheln mit einem sauberen, leicht feuchten Tuch »entstauben«. Wattestäbchen sind verboten – Verletzungsgefahr!

❓ Mein 16 Jahre alter Kater Max döst gern auf der Fensterbank in der Nachmittagssonne. Früher hat er geschnurrt, wenn ich ihn dann streichelte, heute erschrickt er. Woran kann das liegen?
Höchstwahrscheinlich am nachlassenden Gehör. Vermutlich hat Max nicht gehört, dass Sie herangekommen sind, und nur plötzlich eine Berührung von oben gespürt. Das ruft die Ängste wach, die er von seinen wilden Vorfahren geerbt hat: Hilfe, ein Fressfeind! Machen Sie sich in Zukunft Ihrem Kater deutlich bemerkbar, bevor

Erst ansprechen und dann kraulen – so genießt der Senior Streicheleinheiten.

Sie ihn streicheln. Dann kann er's auch wieder schnurrend genießen.

? Unser Kater Theobald ist schon 12 Jahre alt. Obwohl er einen Kratzbaum hat, sind seine Krallen sehr lang. Er bleibt überall damit hängen. Hängt der starke Krallenwuchs vielleicht mit der Ernährung zusammen?
Nein. Bei betagten »Oldies« lässt lediglich oft die Kratzlust und damit das natürliche Abnutzen der Krallen nach. Damit die Katze nicht überall hängen bleibt und sich möglicherweise verletzt, sollten überlange Krallen vorsichtig mit einer speziellen Krallenzange gekürzt werden. Am besten, Sie überlassen das dem Tierarzt, denn wenn Sie zu kurz schneiden, kann es zu Verletzungen mit starken Blutungen kommen.

? Unser Langhaar-Kater Lionel putzt sich nicht mehr so sauber wie früher. Hat das etwas mit seinem hohen Alter zu tun?
Mit Sicherheit, denn die alten Herrschaften können sich nun oft nicht mehr so beweglich putzen wie früher. Sind etwa an den plüschigen »Ho-

sen« (der Partie um die hinteren Oberschenkel) und am After Kotreste hängen geblieben? Besonders Langhaarkatzen haben darunter zu leiden. Mit einem feuchten Tuch und warmem Wasser schaffen Sie den Ärger leicht aus der Welt. Ihr Senior fühlt sich in seinem Fell wieder rundum wohl – und Sie können Kuschelstunden mit einem schmusereinen Stubentiger genießen.

? Unser Kater Jimmy ist fast 20 Jahre alt. Er sitzt selbst bei kühlem Regenwetter gern auf dem neu gefliesten Balkon. Leider darf ich den Balkon nicht völlig einzäunen und mit »Kratzmöbeln« bestücken. Ich fürchte nun, dass der Steinfussboden Jimmy nicht gut tut.
Das ist nicht von der Hand zu weisen. Sie mindern jedoch Erkältungs- und Rheumagefahren, wenn Sie Holzroste aus dem Baumarkt oder aus dem Saunabedarf auf den Boden legen. Die neuen Sitzgelegenheiten isolieren gegen die Kälte von unten, können bei jedem Wetter draußen bleiben und Jimmy wird sie nach anfänglichem Zögern sicher gern annehmen.

Brigitte Eilert-Overbeck

Gefahren beseitigen

Wer schon lange mit seiner Katze zusammenlebt, wird in Sicherheitsfragen oft etwas nachlässig. Dabei tappen selbst erfahrene Senioren in Neugier-Fallen. Beugen Sie lieber vor:

➤ Reinigungsmittel, Chemikalien und Medikamente wegschließen. Viele Katzen behalten lebenslang eine fatale Vorliebe für Gummibänder und -ringe. Bitte ebenfalls wegschließen!

➤ Giftige Pflanzen und Blumen (z. B. Azalee, Efeu, Farne, Hyazinthe etc.) außer Reichweite stellen. Vor dem Kauf klären, ob die Pflanze für Katzen verträglich ist. Katzengras zur Verfügung stellen, damit Ihr Senior sich nicht an anderem »vergreifen« muss.

➤ Fenster und Kippfenster sichern, evtl. Schächte abdecken. Falls die Katze nach draußen darf, dafür sorgen, dass sie jederzeit wieder in die schützende »Burg« zurück kann. Am besten eine Katzenklappe in die Tür einbauen.

Fit-und-gesund-Programm

Anders (fr)essen – fit bleiben

Menschen in den besten Jahren kennen das Problem: Der Körper kann Ernährungssünden nicht mehr einfach so wegstecken. Pfunde, die wir uns angefuttert haben, schmelzen nur widerwillig

> Gesunde Schleckerei: Verdauungsfördernde Malzpaste aus der Tube.

dahin. Der Organismus quittiert Belastungen zunehmend mit Beschwerden. Das beste Rezept dagegen ist eine bewusste Ernährung.

Fertigfutter ist optimal

Unabhängig vom Alter haben Katzen ganz spezielle Ernährungsbedürfnisse. Wie ihre wilden Vorfahren sind auch sie in der Hauptsache Fleischfresser geblieben und brauchen etwa doppelt so viel Eiweiß wie Hunde und drei- bis viermal so viel wie wir Menschen. Es kommt aber bei der Katzenernährung nicht nur auf die einzelnen Nähr- und Wirkstoffe an, sondern auch darauf, wie sie kombiniert sind und in welchem Verhältnis sie zueinander stehen – eine Wissenschaft für sich. Namhafte Futtermittelhersteller setzen die Erkenntnisse von Tierärz-

ten und Ernährungswissenschaftlern bei der Produktion von Fertigfutter um. Katzenernährung mit Fertigfutter ist also nicht nur einfach zu handhaben, sondern auch aus wissenschaftlicher Sicht einfach optimal.

»Alleinfuttermittel«: In den so genannten Alleinfuttermitteln sind alle notwendigen Nähr- und Wirkstoffe bis hin zu Vitaminen, Mineralien und Spurenelementen enthalten, genau in der richtigen Menge und auch im richtigen Verhältnis.

»Ergänzungsfuttermittel«: Sie decken nicht den gesamten Bedarf ab. Zu ihnen gehören z. B. die Leckerlis für

TIPP

Jungbrunnen Wasser

➤ Frisches Wasser regt die Nierentätigkeit an und fördert die Vitalität.

➤ Verteilen Sie mehrere Wassernäpfe in der Wohnung. So trinkt Ihr Senior mehr.

➤ Wechseln Sie das Trinkwasser möglichst zweimal täglich aus.

➤ Zimmerbrunnen faszinieren Katzen und das fließende Wasser regt zum Trinken an. Vielleicht haben Sie selbst Spaß daran. Ihre Katze freut sich auf jeden Fall.

zwischendurch, die »Kau-bonbons« zur Zahnpflege oder auch Vitamindrops.

Seniorenkost

Mittlerweile bietet der Zoo-fachhandel eine ganze Palette spezieller Seniorenkost an: Feuchtfutter aus der Dose, aus der Alu-Schale oder aus dem Portionsbeutel und Trockenfutter aus dem Paket.

Feucht- und Trockenfutter: Sowohl bei Feucht- als auch bei Trockenfutter für Senioren handelt es sich um vollwertige Katzenkost, die auf den veränderten Stoffwechsel der über Acht-Jährigen zugeschnitten ist. Feuchtfutter deckt einen Teil des Wasserbedarfs ab. Trockenfutter ist konzentrierter und enthält nur wenig Feuchtigkeit (10 bis 15 % gegenüber 80 %). Eine hauptsächlich mit Trockenfutter ernährte Katze müsste eine 60-Gramm-Ration mit der dreifachen Menge Wasser herunterspülen, um ihren Feuchtigkeitsbedarf zu decken. Die wenigsten Katzen trinken täglich auch nur annähernd so viel. Geben Sie Ihrem Stubentiger also in der Hauptsache Feuchtfutter, und reichen Sie Knusperlis nur als »Zubrot«.

> *Friede, Freude, Katzenfutter – aber die meisten Katzen würden einen Fressnapf für sich allein vorziehen.*

Futterumstellung: Haben Sie Ihre Katze bisher mit normalem Fertigfutter ernährt? Wenn ja, »schleichen« Sie sich lieber an die Seniorenkost heran, das bekommt unseren Gewohnheitstieren besser. Bieten Sie das neue Futter zunächst unverbindlich an. Wenn es nicht gleich mit Begeisterung aufgenommen wird, kehren Sie wieder zum Gewohnten zurück. Nach und nach mischen Sie dann immer mehr Seniorenfutter unter. Aus dem Futter-Sortiment sollten Sie für den Oldie Zubereitungen mit Geflügel und Fisch bevorzugen.

Wie viel Futter braucht der Senior?

Jede Katze ist und frisst anders, und deshalb lassen sich kaum allgemein verbindliche Empfehlungen zur täglichen Futtermenge geben. Etwa 50 bis 80 kcal pro Kilogramm Körpergewicht für eine erwachsene, kastrierte Katze sind nur eine grobe Richtschnur für die richtige Futterration. Am besten, Sie gehen regelmäßig mit Ihrem Senior auf die Waage. Wenn Ihr Senior weder zu- noch abnimmt, füttern Sie ihn richtig, vorausgesetzt, er hat ein normales Gewicht.

Ein Fall für FBMI

Ist unser Senior ein muskulöser Typ mit »schweren Knochen« oder schleppt er ganz einfach zu viel Fett und damit ein Gesundheitsrisiko mit sich herum? Das ist oft nicht leicht zu entscheiden, und manchmal machen wir uns auch gern etwas vor. Der FBMI (Feline Body Mass Index oder Katzen-Körpermasse-Index) macht Schluss damit. Mit dieser neu entwickelten Methode kann der Tierarzt anhand von zwei

Messungen bei Ihrer Katze das Verhältnis von Muskel- zu Fettgewebe bestimmen. Das ist nicht ganz einfach und deshalb für Do-it-yourself-Verfahren nicht geeignet. Das Ergebnis zeigt zuverlässig an, ob im Einzelfall Übergewicht vorliegt oder nicht.

Was tun bei Gewichtsproblemen?

Ist Ihr Senior ein »schwerer Fall«? Rücken Sie den überflüssigen Pfunden zu Leibe, aber gehen Sie schonend vor. Crash-Diäten sind für Katzen besonders gefährlich, weil ihr Stoffwechsel noch leichter entgleist als unserer und schwere Leberschäden drohen. Oft genügt es schon, wenn Sie etwa 20 bis 30 Prozent weniger füttern.
➤ Servieren Sie während der Diät am besten Fertigfutter, um die Versorgung mit allen Nähr- und Wirkstoffen sicherzustellen. Manche Giermäulchen lassen sich durch Zugabe von unverdaulicher Weizenkleie über die geringere Menge hinwegtäuschen.
➤ Lassen Sie Leckerlis während der Diät weg, und spielen Sie viel mit Ihrer Katze.
Starkes Übergewicht: Dies bekommen Sie nur mit einer

> Leckerer Salat – für Katzen aber ganz sicher nicht die richtige Diät.

1 Das richtige Getränk

Ihren Durst stillt die Katze am besten mit Wasser – genau wie ihre wilden Verwandten. Genauso wie die »Wilden« ziehen auch Hauskatzen gern vom Futterplatz zur Wasserstelle. Stellen Sie deshalb Futter- und Wassernapf entfernt voneinander auf. Milch ist eher Nahrungsmittel als Getränk: Höchstens mal als »Extra« geben.

2 Schleckermäulchen

Sahne, Butter, feine Leberwurst – nichts davon sollten Katzen in Mengen fressen. Aber kleine »Sonderangebote« dürfen sie schon mal vom Finger schlecken. Nicht nur weil's für den Senior besondere Zuwendung bedeutet: Butter hilft ebenso wie Malzpaste, abgeschluckte Haare durch den Darm zu transportieren.

Spezial-Diät (z. B. Feline Low Calorie Diet) in den Griff. Sie muss vom Tierarzt überwacht werden. Es lohnt sich, denn Übergewicht gefährdet Herz, Kreislauf, Leber, Nieren und den Bewegungsapparat. **Gewichtsverlust:** Nimmt Ihr Liebling trotz gleicher Futtermenge ab, bedeutet das: die Kost wird nicht mehr optimal verwertet. Spätestens jetzt sollten Sie auf hochwertigeres (Senioren-)Futter umstellen. Sprechen Sie mit Ihrem Tierarzt, denn hinter dem Gewichtsverlust kann sich auch eine Krankheit verbergen

(→ Seite 41). Zahnstein und Entzündungen machen das Fressen zur Qual, Stress beeinträchtigt den Appetit, Schilddrüsenprobleme verursachen gleichzeitig Heißhunger und Abmagerung. **Fressunlust:** Keine Lust zum Fressen liegt oft am eingeschränkten Geruchssinn älterer Katzen. Leicht erwärmtes Futter »duftet« stärker. Vielleicht mag Ihr Senior seine Mahlzeit lieber mit einem Esslöffel Bratensaft, Fischsud oder Baldriantee obendrauf. Es darf auch mal (selten!) etwas Fischöl sein.

Vielleicht braucht Ihre Katze aber nur mehr Zuwendung. Gutes Zureden und enger Kontakt während der Mahlzeit (auf den Schoß nehmen, von Hand füttern) macht ihr dann das Fressen wieder schmackhaft.
Wenn kein Trick hilft und auch das Lieblingsfutter keine Gnade findet, ist ein Tierarztbesuch fällig. Bei ihm erhalten Sie eine Schonkost-Diät (z. B. Feline Conditioning Diet), die schon manchem Oldie den Spaß am Fressen und damit ein Stück Lebensfreude zurückgegeben hat.

Gesundheitsvorsorge

Katzen leiden still, wie ihre wilden Vorfahren. Weil sie vor Feinden keine Schwäche zeigen durften, galt für kranke Tiere die Devise: Zieh dich zurück und warte ab, bis du wieder zu Kräften gekommen

> *Zeichen von Gesundheit: klare Augen, glattes Fell, aufmerksames Wesen.*

bist – oder auch nicht. Unsere Stubentiger haben dieses Verhalten übernommen. Deshalb müssen wir ihre Gesundheit im Auge behalten.

Vorsorgemaßnahmen

Die beste Gesundheitsvorsorge für Ihre Katze ist eine gute Pflege. Achten Sie darauf, dass sich in ihrem Fell keine Flöhe oder sonstige Parasiten einnisten, sorgen Sie für Futter und Wasser aus hygienisch einwandfreien Näpfen, eine saubere Katzentoilette und zugfreie Schlaf- und Ruheplätze. Ausgewogene Ernährung und liebevolle Zuwendung sind ebenfalls äußerst wichtig für die Gesundheit. Wenn Sie sich dazu immer wieder Zeit nehmen für den Gesundheits-Check-up (→ Seite 26), können Sie eventuelle Krankheitsanzeichen rechtzeitig erkennen.

Wie oft impfen?

Impfungen sind der einzige wirksame Schutz gegen eine ganze Reihe sehr bedrohlicher Krankheiten: Katzenseuche, Katzenschnupfen sowie die unheilbaren Infektionen Leukose (FeLV, Feline Leukämie-Virusinfektion), FiP (Feline infektiöse Peritonitis, ansteckende Bauchfellentzündung) und Tollwut. Gegen FIV (Felines Immundefizienz-Virus oder »Katzen-Aids«) gibt es zur Zeit noch keine Impfung. Für Infektionen sind ältere Katzen vor allem wegen der nachlassenden Abwehrkräfte anfällig. Grund genug, den Impfschutz des Seniors regelmä-

---

TIPP

Die Katzen-Hausapotheke

➤ Inhalt der Katzen-Hausapotheke: Pinzette, Fieberthermometer, Verbandsmull, Wundauflagen, elastische Binden, Verbandswatte, Leukoplast, Rettungsfolie (Schutz vor Auskühlung), evtl. Kältepack.

➤ Medikamente nur in Absprache mit dem Tierarzt verabreichen. Achtung! Medikamente für Menschen können für Katzen tödlich sein.

➤ Für alle Fälle bereithalten: Telefon-Nummer Ihres Tierarztes, des Tierärztlichen Notdienstes und eventuell des Tiertaxi-Unternehmens.

ßig zu erneuern. Das heißt inzwischen nicht mehr unbedingt »alle Jahre wieder«. Bei einigen Katzen (die Angaben schwanken zwischen 1:1000 und 1:10 000 Fällen) bildet sich an der Impfstelle ein Fibrosarkom, ein bösartiger Tumor. Ob es dazu kommt, hängt auch mit der Impfhäufigkeit zusammen. Um dieses Risiko zu mindern, gibt es neue Empfehlungen:

➤ Wägen Sie zusammen mit dem Tierarzt ab, welche Impfungen in welchem Abstand verabreicht werden sollen.

➤ Freiläufer, die weit umherstreifen, und Katzen, die auf Reisen oder Ausstellungen mitgenommen werden, sind sehr infektionsgefährdet. Sie sollten wie bisher jedes Jahr geimpft werden.

➤ Katzen, die den heimischen Garten kaum verlassen, und Wohnungskatzen haben ein geringeres Risiko. Bei ihnen dürfen die Impfabstände größer sein – wenn die Tiere genügend Antikörper im Blut haben. Sprechen Sie mit Ihrem Tierarzt.

➤ Gehen Sie zum Tierarzt, falls an der Impfstelle eine Schwellung auftritt, die sich nicht innerhalb eines Monats zurückbildet.

Alles in Ordnung? Wer aufmerksam ist, kann verdächtige Haut- und Fellveränderungen rechtzeitig entdecken.

»Sanfte« Medizin

Alternative Heilverfahren können eine ausgezeichnete Ergänzung zur Schulmedizin sein. Als ausschließliche Methode zur Behandlung von Krankheiten eignen sie sich dagegen nicht. Verantwortungsbewusste alternative Therapeuten verstehen sich deshalb auch nicht als Tierarzt-Konkurrenten. Naturheilmittel und homöopathische Medikamente wirken gegen viele Beschwerden wie Ekzeme, Allergien, Energiemangel oder Stress. Bachblüten werden vor allem dann eingesetzt, wenn die Katze aus dem Gleichgewicht geraten ist und unter Angst, Aggressivität oder Erschöpfung leidet. Methoden wie Reiki haben vor allem einen Wellness-Effekt – nicht zu verachten (→ Seite 50)! Was Sie nicht tun sollten: mit alternativen Medikamenten, »Hausmitteln« oder übrig gebliebenen Arzneien auf eigene Faust herumdoktern. Viel zu gefährlich! Vieles, was uns gut tut oder zumindest nicht schadet, ist für die Katze Gift. Das mitunter als »Allzweckmittel« empfohlene Teebaumöl zum Beispiel kann für sie tödlich sein.

Die Pflege des kranken Seniors

Wie Sie Ihren Oldie medizinisch versorgen müssen, wird Ihnen der Tierarzt oder Therapeut im Einzelfall genau erklären. Ebenso wichtig ist der alltägliche Umgang mit dem Patienten. Kranke Katzen-Senioren haben zwei Seelen in ihrer Brust. Die eine will den Rückzug, wie einst die wilden Vorfahren. Die andere sehnt sich nach liebevoller Zuwendung durch die »Mutterkatze Mensch«. Wer beiden Seelen gerecht wird, macht dem Patienten vieles leichter und verbessert seine Chancen auf Genesung.

Das braucht die kranke Katze

Ruhe und Wärme: Bereiten Sie das Krankenlager an einem ruhigen, warmen Ort, platzieren Sie eine Wärmflasche zwischen Decken und halten Sie Störungen fern.

Sauberkeit: Katzen leiden, wenn sie sich – etwa durch Erbrechen oder Durchfall – beschmutzen. Halten Sie Ihren Patienten und sein Lager also sauber. Ersetzen Sie gegebenenfalls Decken durch Wegwerfwindeln, und stellen Sie im Krankenzimmer ein zusätzliches Katzenklo auf.

Sprechkontakt: Katzenmütter schnurren, wenn sie ihre Kleinen im Nest pflegen und säugen. Auf diese Weise vermitteln sie dem Nachwuchs Sicherheit und Geborgenheit. Sie geben Ihrem Senior das

> Wer sich Streicheleinheiten abholt, hat das Schlimmste meist überstanden: Kranke Katzen ziehen sich in aller Regel zurück.

> *Wohltuend: Eine mit Frottee-Velours umhüllte oder zwischen Decken gepackte Wärmflasche für den kranken Senior.*

gleiche Gefühl, wenn Sie beim Füttern und bei allen Pflegemaßnahmen beruhigend mit ihm sprechen. Das macht Ihren Oldie auch empfänglicher für heilsame Streicheleinheiten.

Normalität: Verständlich, dass Sie sich Sorgen um Ihr krankes Tier machen. Verhalten Sie sich ihm gegenüber trotzdem so normal wie nur möglich. Auch das vermittelt ihm ein Stück Geborgenheit.

»Macke« oder doch Krankheit?

Manche Katzen werden plötzlich aggressiv, verlieren ihre Stubenreinheit, sind ruhelos oder total verängstigt – mit einem Wort: völlig ver-

rückt. Protest oder »Macke«? Bei hochbetagten Tieren liegt der Verdacht auf organische Ursachen nahe. Das können »Fehlschaltungen« im Gehirn sein, Blasenschwäche, Darmprobleme, Schmerzen … Gehen Sie also zum Tierarzt, wenn Ihre Katze solche Auf-

fälligkeiten zeigt, und wappnen Sie sich mit Toleranz und Geduld. Ihr kleiner Freund hat es verdient …

Schwere Entscheidung

Natürlich ist der Kummer groß, wenn der hochbetagte Senior von einem Nickerchen nicht mehr aufwacht, weil er sich ganz friedlich ins Jenseits hinübergeträumt hat. Es dauert dann seine Zeit, bis der Mensch den Trost annehmen kann, der in diesem Abschied liegt: Nach einem schönen, langen Leben einen Tod ohne Angst, Kampf und Schmerzen – etwas Besseres können wir uns für ein geliebtes Tier nicht wünschen. Leider kommt der Tod nur selten so sanft daher. Meist gehen ihm Krankheit und Schmerzen voraus.

TIPP

Medikamente eingeben

➤ **Tabletten:** Katze hochnehmen und festhalten. Mit Daumen und Zeigefinger sanft auf die Mundwinkel drücken, um das Mäulchen zu öffnen. Tablette weit in den Rachen schieben. Mäulchen zuhalten und durch Streicheln unter dem Kinn Schluckreflex auslösen.

➤ **Flüssige Medikamente:** Am besten mit Einwegspritze (ohne Nadel) verabreichen.

➤ **Augentropfen oder -salbe:** Lid mit Daumen und Zeigefinger leicht auseinander ziehen und Tropfen oder Salbenstrang auf das Unterlid geben.

Wir wollen alles tun, um dem geliebten Tier beizustehen. Und sind doch oft so hilflos – schon wenn wir den Zustand des Seniors objektiv beurteilen sollen. Wir sind hin und her gerissen zwischen Hoffen und Bangen: Packt es die Katze noch mal, oder müssen wir uns zur schwersten Entscheidung überhaupt durchringen und sie einschläfern lassen? Spätestens jetzt zeigt sich, wie wichtig das Vertrauensverhältnis zum Tierarzt

Leider schlecken die wenigsten Katzen ihre Medizin brav vom Löffel.

ist. Er kann am besten einschätzen, ob Aussicht auf Besserung besteht oder ob die Katze Schmerzen hat und sich am Ende nur noch quält.

Der letzte Liebesdienst

Die geliebte Katze einschläfern lassen – es ist ganz natürlich, dass sich alles in Ihnen dagegen sträubt. Bedenken Sie aber: Sie entscheiden nicht darüber, ob Ihre Katze leben oder sterben soll. Sie müssen entscheiden, ob sie weiterhin leiden soll oder nicht. Ganz tief drinnen wissen Sie, was Sie Ihrem Senior schuldig sind. Sie können sicher sein: Ihre Katze wird vom Einschläfern nicht mehr spüren als den Einstich der Narkosespritze. Halten Sie sie dabei auf dem Schoß, streicheln Sie sie und sprechen Sie sanft mit ihr, bis sie eingeschlafen ist. Mit Ihrer Nähe, Ihrer Stimme und Ihren Händen geben Sie Ihrem Liebling Geborgenheit, bis zuletzt.

Die Trauer zulassen: Verdrängung ist schlecht für die Seele. Schämen Sie sich Ihrer Tränen nicht, und reden Sie mit anderen Tierfreunden über Ihre Gefühle. Helfen Sie gegebenenfalls auch Ihren Kindern, den Verlust zu ver-

arbeiten. Hören Sie ihnen zu, ermuntern Sie sie, die Katze zu malen oder ein kleines Gedicht über sie zu verfassen.

Ein Grab für die Katze

Wenn Sie nichts anderes bestimmen, endet die tote Katze in der Tierkörperbeseitigungsanlage. Hier die Alternativen dazu:

➤ Ein mindestens 50 bis 80 cm tiefes Grab im eigenen Garten (aber nicht in einem Wasserschutzgebiet).

➤ Beerdigung auf einem der 70 Tierfriedhöfe in Deutschland. Das kostet je nach Nutzungsdauer und Ausstattung zwischen 150 und 500 Euro.

➤ Einäscherung im Tierkrematorium. Kosten: Ab ca. 150 Euro plus Urne. Sammeleinäscherungen kosten etwa die Hälfte, die Asche wird dann auf dem Krematoriumsgelände beigesetzt.

Eine neue Katze?

Kein anderes Tier kann Ihren verstorbenen Freund ersetzen und keines soll Lückenbüßer sein. Geben Sie Ihrer Trauer Zeit, bis sich Ihr Herz wieder öffnet. Und wenn sich dann erneut wieder eine Samtpfote hineinschleicht … Auf lange und gute Jahre!

Typische Alterskrankheiten

Krankheit	Symptome	Vorsorge/Behandlung
Darmerkrankungen	Länger anhaltende Verstopfung, Durchfall und Erbrechen	Behandlung durch den Tierarzt: eventuelle Operation, Medikamente, Diät
Herzmuskelveränderungen	Husten, Atemnot und Wasseransammlung in der Lunge. Tritt bei Rassekatzen wie Persern, Siamesen, Burmesen und Abessiniern häufiger auf	Vorsorge: Vermeidung von Stress und Unruhe; Behandlung durch den Tierarzt: Diät, Medikamente
Nierenerkrankungen	Vermehrter Durst, häufiges Urinieren, starker Mundgeruch	Behandlung durch den Tierarzt: Diät, unter Umständen Flüssigkeitstherapie (Tropf)
Schilddrüsenüberfunktion	Die Katze magert ab, obwohl sie sehr viel frisst, vermehrter Harnabsatz, häufiges Erbrechen, beschleunigter Herzschlag	Behandlung durch den Tierarzt: Tabletten, Operation oder Radiojod-Therapie
Tumorerkrankungen	Schwellungen, Beulen und Knoten, die sich nicht zurückbilden, schnell wachsende Geschwulste und schlecht heilende Verletzungen	Behandlung durch den Tierarzt: Bei gutartigen Tumoren und früh erkannten Krebsgeschwulsten ist eine Operation erfolgversprechend
Zahnerkrankungen	Dunkelrot verfärbtes Zahnfleisch, starke Zahnbeläge, Mundgeruch	Vorbeugung: größere gekochte Fleischbröckchen oder Zahnpflege-Snacks (aus dem Zoofachhandel) füttern. Behandlung unbedingt durch den Tierarzt
Zuckerkrankheit	Gesteigerter Durst, vermehrter Harnabsatz, Gewichsabnahme, Apathie, azetonartiger Mundgeruch	Behandlung durch den Tierarzt: Tägliche Insulingaben, Magen-Darm-Diät

Fragen rund um Ernährung und Krankheiten

Unsere Katze Murranda ist jetzt 14 Jahre alt. Sie bekommt zwei Mahlzeiten am Tag, lässt aber neuerdings immer eine Menge im Napf übrig. Soll ich ihr weniger Futter geben? Nicht unbedingt. Aber Sie sollten die Tagesmenge auf drei oder vier Mahlzeiten aufteilen. Ältere Katzen können größere Portionen nicht mehr so gut verdauen und kapitulieren gelegentlich vor der schieren Menge. Sie dürfen Murranda auch hin und wieder mit besonderen Leckerbissen verwöhnen – ein Stückchen gekochtes Huhn vielleicht, ein wenig gedünsteten und entgräteten Fisch oder einen der zahlreichen Snacks aus dem Zoofachhandel. Die »Extras« sollten sie natürlich auf die Tagesmenge anrechnen.

Durch unseren Garten streicht ein sehr scheuer älterer Streuner. Er hat bislang immer das Trockenfutter gefressen, das ich ihm hinstelle. Auch jetzt kommt er täglich zum Napf, frisst aber kaum noch etwas und magert sichtlich ab. Wie kann ich ihm helfen? Ich würde ihn gern zum Tier- arzt bringen, aber leider sind alle Versuche gescheitert, ihn anzulocken. Selbst eine vom Tierschutzverein ausgeliehene Kastenfalle hat keinen Erfolg gebracht. Wahrscheinlich hat der arme Kerl – wie viele ältere Katzen – Zahnprobleme. Schade, dass Sie ihn nicht locken können, denn er müsste dringend zum Tierarzt. Stellen Sie ihm weiches, vielleicht sogar püriertes Futter hin. Der Zoofachhandel bietet übrigens auch »Senioren-Trockenfutter« an, das auf die Zahnbeschaffenheit älterer Tiere abgestimmt ist.

Vor dem jährlichen Tierarztbesuch reagiert unsere Katze Minnie jedes Mal panisch. Muss ich dem 13 Jahre alten Tier die ganze Prozedur noch zumuten? Ein Praxisbesuch pro Jahr ist das Minimum für unsere Se-

Bambus ist zwar ungiftig, aber Katzengras bekommt dem Senior besser.

nioren. Schließlich können eine ganze Reihe gesundheitlicher Störungen auftreten, und je eher die erkannt werden, desto besser sind die Heilungsaussichten. Fragen Sie Ihren Tierarzt nach einem leichten Beruhigungsmittel für Minnie. Und bewahren Sie vor allem selbst Ruhe, wenn der Tierarztbesuch fällig ist: Häufig ist es unsere Panik, die sich auf die Tiere überträgt. Vielleicht haben Sie Lust, TTouches (→ Seite 50) zu erlernen. Die Berührungstechnik hilft, aufgeregte Tiere zu beruhigen.

Die Katze meiner Freundin musste ganz plötzlich wegen Nierenversagen eingeschläfert werden. Seitdem mache ich mir Sorgen um meinen 14-jährigen Carlo, obwohl er gesund und munter ist. Gibt es Warnzeichen, an denen ich ernste Störungen rechtzeitig erkennen kann?
Quälen Sie sich nicht mit Sorgen, aber schenken Sie Ihrem Carlo Aufmerksamkeit. Auffällige Verhaltensänderungen, gesteigerter Durst, Lahmheiten, Haarausfall, Hecheln, häufigeres Erbrechen oder Durchfall und unerklär-

liche Gewichts- und Umfangsveränderungen sind Gründe, sofort den Tierarzt einzuschalten. Je schneller die Symptome abgeklärt werden, desto besser sind die Aussichten für eine erfolgreiche Behandlung.

Unser 16-jähriger Kater Moritz leidet unter Darmproblemen. Davon abgesehen hat er eine gute Kondition und ein munteres Wesen. Der Tierarzt, zu dem wir seit Jahren großes Vertrauen haben, rät zur Operation und ist sicher, dass Moritz sie gut verkraften wird. Sollte man solch einem alten Tier diesen Eingriff zumuten oder ist das von unserer Seite egoistisch gedacht?
Ich denke, Sie können auch weiterhin Ihrem Tierarzt vertrauen und in die Operation einwilligen. Die Operationsmethoden sind heutzutage so schonend, dass Ihr Moritz schon nach kurzer Zeit wieder völlig genesen kann. Wenn Sie den Patienten liebevoll pflegen und künftig auf eine gesunde Kost achten, können er und Sie durchaus noch ein paar lebenswerte Katzenjahre und eine schöne Zeit vor sich haben.

MEINE TIPPS FÜR SIE

Brigitte Eilert-Overbeck

Besuch beim Tierarzt
Bereiten Sie sich auf den Tierarztbesuch vor.

➤ Besorgen Sie sich ein Vokabelheft (praktisches Format!), und notieren Sie alles Wichtige, was Sie mit dem Tierarzt besprechen möchten.

➤ Ihre Katze kann sich vor dem Tierarztbesuch ganz besonders aufregen: So sehr, dass sie aus heiterem Himmel einen Fieberschub bekommt, der mit ihrem Normalbefinden nicht das Geringste zu tun hat.

➤ Messen Sie deshalb die Temperatur Ihrer Katze vor dem Tierarztbesuch. Das geht am besten zu zweit: Einer hält die Katze im Nacken fest, während der andere das eingefettete, unzerbrechliche Thermometer etwa 2 cm in ihren After einführt. Nach 2 Minuten kann die Temperatur abgelesen werden.

➤ Die Normaltemperatur einer Katze liegt zwischen 38 und 39 °Celsius.

43

Beschäftigungs-Programm

Warum Schmusen so wichtig ist

Unseren samtpfötigen Pensionären geht es in mancher Beziehung wie Katzenkindern in Mutters Kuschelnest: Genauso wie die Kleinen wollen sie es schön warm haben und vor Hunger und Gefahren geschützt sein. Kätzchen schnurren geborgen an Mutters warmem Pelz vor Wonne – die Senioren genießen den innigen Kontakt mit ihrem vertrauten Menschen und fühlen sich bei ihm ebenso geborgen. Viele ältere Katzen sind zufrieden, wenn sie sich ein paar Mal täglich ihre Streicheldosis abholen und anschließend wieder ihre Ruhe- und Beobachtungsplätze aufsuchen können. Andere werden zu »Schoßbesetzern« aus Leidenschaft. Stundenlang schmiegen sie sich an ihren Menschen, lassen sich genießerisch kraulen und schlafen im engen Kuschelkontakt dann selig ein.

Gemütlichkeit

Gemütlichkeit ist das Zauberwort der späten Katzenjahre. Nehmen Sie es als Geschenk, ganz gleich, ob Ihr »Oldie« zu den Dauerschmusern gehört oder lieber zu gelegentlichen Streichel-Sitzungen kommt. Mit der schnurrenden Katze auf dem Schoß bleibt Ihnen nun nichts anderes übrig, als ebenfalls einen Gang herunterzuschalten und den Alltagsstress zu vergessen. Endlich Feierabend? Dann machen Sie es sich mit Ihrem Senior gemütlich! Fernseher oder Radio dürfen in Zimmerlautstärke laufen, alles, was darüber hinausgeht, mögen unsere Samtpfoten nicht, selbst wenn ihr Gehör schon etwas nachgelassen haben sollte.

Geräuschvolles Umblättern von Zeitungen und Zeitschriften (auch für unsere Ohren ein unangenehmer Ton) irritiert sie ebenfalls. Aber erst mal ist Schmusen angesagt, ohne Ablenkung durch Lektüre, Computerspiel oder Telefonieren. Wenn Ihr »Oldie« genug hat und nur noch friedlich bei Ihnen dösen will, dürfen Sie gern zum Buch oder Laptop greifen. Zunächst erwartet Ihr Schmusetiger aber, dass Sie ihm nicht nur Streicheleinheiten, sondern auch Ihre Aufmerksamkeit schenken.

Wellness für Mensch und Tier

Was Ihre Katze gern hat, wissen Sie sicher schon aus Erfahrung. Sie wird Ihnen gezeigt haben, ob sie in der

Erst fein machen, dann schmusen. Beim Putzen gilt: Bitte nicht stören!

empfindlichen Bauchregion gestreichelt werden mag oder lieber nicht. Jedenfalls entspannt sie, wenn Ihre flache Hand mit leichtem Druck in langsamen, fließenden Bewegungen über das Fell gleitet. Und Sie selbst entspannen auch! Sie merken, wie sich Puls und Blutdruck normalisieren und die Nerven beruhigen. Wenn Sie Ihre Hände auf den Flanken verweilen lassen, spüren Sie die Vibration vom Schnurren bis in die Fingerspitzen – Seelenmassage vom Feinsten!

Schmusen oder spielen? Die Senioren genießen es, wenn ihr Mensch, so wie hier, beides miteinander verbindet.

Katzensprache – eine kleine Übersetzungshilfe

»Schön, dich zu sehen!«	Die Katze kommt mit erhobenem Schwanz auf Sie zu. Sie begrüßt Sie mit einem hellen Gurrlaut. Sie blinzelt Sie an.
»Hallo, Lieblingsmensch.«	Sie erhebt sich kurz auf die Hinterbeine und stupst ihr Köpfchen in Ihre Hand. Sie reibt ihre Bäckchen und die Flanken an Ihnen.
»Ich hab dich lieb!«	Sie schmust mit Ihnen Kopf an Kopf. Sie berührt Sie sanft mit der Pfote.
»Du bist super! Gibst du mir … (Streicheleinheiten und Futter).«	Sie drängt sich mit erhobenem Schwanz und krummem Rücken ganz dicht an Sie.
»Bei dir fühle ich mich so richtig wohl.«	Sie schnurrt laut und »trampelt« mit den Vorderpfoten auf Ihnen herum.
»Ich habe Lust … (zum Spielen oder Schmusen).«	Sie rollt sich auf die Seite oder auf den Rücken und schaut Sie auffordernd an.
»Komm mit mir.«	Sie läuft mit erhobenem Schwanz vor Ihnen her.

Massagen tun gut

Dass unsere kleinen Tiger sich so gern streicheln und sanft massieren lassen, hat mit ihrer Babyzeit zu tun: Damals hat die Katzenmama die Kleinen mit ihrer rauen Zunge geleckt und massiert,

> *Fast schon eine Massage: Kraulen zwischen den Ohren ist ein Genuss.*

um die Verdauung anzuregen – ein lebenswichtiger Liebesdienst. Befreundete Katzen lecken sich gegenseitig auch als Erwachsene das Fell

und genießen es. Wir können daraus lernen, dass sie nicht nur das Streicheln mit flacher Hand mögen, sondern auch mit den Fingerspitzen, schön langsam, mit Gefühl und leichtem Druck wie bei einer sanften Massage.

➤ Am besten, Sie spreizen die Finger wie einen Fächer. Wenn Sie behutsam streicheln und darauf achten, dass nichts zieht, schätzt Ihre Katze es auch, wenn es dabei kurz mal gegen den Strich geht. Anschließend wieder mit dem Strich streicheln!

➤ Vom Streicheln mit den Fingerspitzen ist es nur noch ein Schritt zum Kraulen, dem behutsamen Bewegen der

Finger an einer Stelle. Katzen mögen das unter dem Kinn, an den Bäckchen, an den Ohren, im Brustfell und zwischen den Vorderbeinen.

➤ Haben Sie Ihren Oldie schon mal zwischen den Schulterblättern gekrault, eine Stelle, die er selbst nur sehr schwer oder gar nicht erreichen kann? Er wird es lieben! Manche lieben auch zartes Kraulen zwischen den Pfotenballen.

Vom Streicheln zur Massage

Wenn Sie Ihren Katzen-Senior für Massagen begeistern können, erweisen Sie seiner Gesundheit einen großen

TIPP

Wohlige Bürstenmassage

➤ Wenn Ihr Katzensenior mit der Bürste vertraut ist, findet er vielleicht auch Gefallen an einem für ihn ganz neuen Ritual.

➤ Lassen Sie ihn auf einem angewärmten Handtuch Platz nehmen, und bürsten Sie ihn dann sehr sanft vom Kopf bis hin zum Schwanz, natürlich immer mit dem Fellstrich.

➤ Die beste Massagewirkung erzielen Sie übrigens mit einem Noppentuch oder -handschuh, ideal vor allem für kurzhaarige Katzen.

Dienst: Massagen stimulieren den Stoffwechsel und regen den Blutkreislauf an, sie wirken kräftigend und belebend auf Herz und Nieren und lösen Verspannungen. Damit sind sie für ältere Katzen geradezu ideal.

Ob Massage, Akupressur, TTouch oder Reiki – wichtig ist, dass Sie konzentriert, mit viel Gefühl und ganz unverkrampft bei der Sache sind. Nur keine Angst, dass Sie etwas falsch machen könnten – schließlich gibt Ihre Katze Ihnen sofort Rückmeldung, ob es ihr gefällt oder eher doch nicht.

Am besten, Sie fangen mit den »gezielten Streicheleinheiten« ganz spielerisch an. Bloß keinen Zwang ausüben: Die Massagestunde soll sowohl Ihnen als auch Ihrem Senior Spaß machen. Langsames Streichen mit der flachen Hand, kreisförmige Bewegungen mit den Fingerkuppen, schnelle Striche mit zwei oder drei Fingern oder rhythmische Walk- und Knetbewegungen mit den gestreckten Fingern der ganzen Hand – finden Sie heraus, was Ihr Senior am liebsten mag. Nicht vergessen: Vorher immer Hände anwärmen.

> Sanfter Daumendruck auf die »Ki-Punkte« bringt die Energie in Fluss.

Akupressur

Laut asiatischer Heilkunde können über bestimmte Druckpunkte die Energie-Linien des Körpers aktiviert werden. Solche »Ki-Punkte« befinden sich zum Beispiel am Rücken zu beiden Seiten der Wirbelsäule.

Wenn Sie mit der Fingerkuppe sanft über die Wirbelsäule Ihrer Katze streichen, spüren Sie lauter kleine Höcker, die Dornfortsätze der Wirbel. Ertasten Sie die Lücke zwischen zwei Höckern, und folgen Sie ihr seitlich bis zum Rückenmuskel – hier

Kampf der Langeweile

✔ Ausgiebige Schmuse-Sitzungen bis hin zu gezielten Wohlfühl-Massagen sorgen für Abwechslung.

✔ Spiele aller Art, z. B. Fangspiele, am liebsten mit menschlicher Beteiligung.

✔ »Mithilfe« z. B. bei Haus- und Schreibarbeiten (Spiel mit dem Staubwedel, »Kugelschreiber-Fangen«, gemeinsames Zeitunglesen).

✔ Ein gut abgedecktes Aquarium ist sowohl »Fernsehgerät« als auch warmes Plätzchen.

✔ Ebenfalls gern angeschaut und »gejagt«: Schattenspiele oder Blinkzeichen mit Hilfe eines kleinen Spiegels an Wand oder Decke.

liegen die Ki-Punkte. Wenn Sie Ihrer Katze Energie spenden wollen, drücken Sie diese Punkte mit der flach aufgelegten Daumenkuppe für etwa drei Sekunden. Steigern Sie den Druck nur so weit, wie die Katze es zulässt, ohne die Rückenmuskeln anzuspannen. Auch hier gilt wieder: Bloß nichts erzwingen. Wenn die Katze nicht mehr mag, lassen Sie es lieber.

> *Spielmausjagd statt Massage: Lassen Sie Ihre Katze selbst bestimmen.*

TTouch

Mit dem TTouch hat die Feldenkrais-Therapeutin Linda Tellington-Jones eine spezielle Methode zur Berührung

von Tieren entwickelt, die bei Pferden ebenso wirkt wie bei Hunden und Katzen.

Die Berührungen aktivieren Nervenbahnen zum Gehirn und helfen so, Stress, Angst und Aggressivität abzubauen und auch die vertrauensvolle Kommunikation zwischen Mensch und Tier zu fördern. Darüber hinaus entspannen die Berührungen und sie sollen sich auch auf die Gesundheit günstig auswirken.

Die Grundtechnik: Die Kuppen von Zeige-, Mittel- und Ringfinger einer Hand verschieben die Haut der Katze mit gleichmäßigem Druck langsam in Kreisen von 420°, also ein Viertel über den vollen Kreis hinaus.

Am besten, Sie stellen sich eine Uhr von etwa zwei Zentimeter Durchmesser vor. Be-

ginnen Sie auf dem imaginären Zifferblatt bei der Sechs, fahren Sie einmal ganz herum und dann weiter bis zur Neun. Daumen und kleiner Finger liegen nur zum Abstützen leicht auf.

Probieren Sie diese Kreisbewegungen an sich selbst aus, um ein Gefühl dafür zu bekommen – zum Beispiel an Ihrem linken Arm. Wenn es Ihnen locker und unverkrampft von der Hand geht, wird es auch Ihrem Katzensenior gefallen.

Reiki

»Universelle Energie« (so die Übersetzung der Silben »rei« und »ki«) ist in jedem Winkel unseres Universums vorhanden. Der Reiki-Geber leitet solche Energieströme weiter, indem er die Hände nach be-

TIPP

Kurse – nicht nur für die Katz'

➤ Nicht allein die Übung macht den Meister-Masseur. Bei speziellen Massage-Techniken sind genauere Kenntnisse wichtig.

➤ Wenn Sie beispielsweise Akupressur, Reiki oder TTouches regelmäßig ins Katzen-Wohlfühl-Programm einbauen wollen, sollten Sie entsprechende 1 bis 2-tägige Grundkurse (ab ca. 100 Euro) belegen.

➤ Seminar-Adressen können Sie in Fachzeitschriften oder im Internet finden.

stimmten Regeln auf bestimmte Körperpartien des Reiki-Empfängers auflegt. Nach einer Reiki-Behandlung fühlt sich jeder angenehm entspannt und wohlig-warm. Und das gilt nicht nur für uns Menschen!

Auch Ihrem Katzensenior kann Reiki gut tun. Zum Beispiel, wenn es bei Ihnen mal für seinen Geschmack viel zu turbulent zugegangen ist oder wenn er mit Veränderungen wie etwa einem Umzug, einer veränderten Wohnungseinrichtung oder einem neuen Partner seines geliebten Menschen fertig werden muss. Sie können Ihrem Liebling natürlich auch »einfach so« die Hände auflegen (bitte vorher Hände gründlich waschen und durch schnelles Aneinanderreiben wärmen). Schon das trägt zum Stressabbau und zur Entspannung bei. Andererseits ist Reiki »für den Hausgebrauch« leicht zu erlernen. Wenn Sie sich einige Grundkenntnisse der Methode angeeignet haben, fällt der Wellness-Effekt dieses Handauflegens ungleich intensiver aus. Nicht nur für Ihren Katzen-Senior, sondern auch für Sie selbst.

> *Fit for Fun: Nach anregender Massage oder entspannender Wellness-Sitzung macht ein Fangspiel wieder richtig Spaß.*

Falls Sie beide öfter mal ein »Entspannungs-Plus« brauchen sollten …

Eine Warnung zum Schluss: Eine kranke Katze muss unbedingt zum Tierarzt gebracht werden! Reiki kann auf keinen Fall ein Ersatz für eine kompetente medizinische Behandlung sein. Als Begleittherapie, die das Wohlbefinden des Patienten stärkt, hat die Methode dagegen durchaus ihren Wert.

Seniors Fitness-Programm

Bewegung ist ein Grundbedürfnis unserer Minitiger – für Muskeln, Sehnen und Gelenke ebenso wichtig wie fürs Gehirn. Deshalb hält ein altersgerechtes Trainingsprogramm Ihren Senior nicht

nur lange körperlich geschmeidig, sondern auch fit im Kopf. Natürlich braucht er dazu einen guten Trainer – nämlich Sie …

Wie viel Bewegung muss sein?

Jungtiere haben den größten Bewegungsdrang. »Halbstarke« Katzengeschwister sind fast ständig mit Spielkampf und Verfolgungsjagd beschäftigt, wenn sie nicht gerade schlafen, futtern oder sich putzen. Der durchschnittliche Tagesplan einer ausgewachsenen Katze sieht für Pirsch, Jagd und Sport immerhin noch drei bis vier Stunden vor. Wenn der kleine Hausgenosse freien Auslauf in eine abwechslungsreiche Umgebung hat, verschafft er sich in aller Regel genügend Bewegung. Auch wenn sein Mensch ihn zu einem Spielchen auffordert, ist er mit Spaß bei der Sache. Beschränkt sich das Katzen-Revier dagegen auf die Wohnung, muss der Mensch für den sportlichen Ausgleich sorgen. Möglichst anderthalb bis zwei Stunden Spielzeit sollte er dann über den Tag verteilt für das erwachsene Tier reservieren. Wer sich klugerweise gleich für zwei Katzen entschieden hat,

braucht nur halb so lange aktiv mitzuspielen: Die zwei halten sich gegenseitig auf Trab. Wilde Jagden quer durch die Wohnung müssen dann allerdings erlaubt sein.

Bewegung hält gesund

Gönnen Sie's Ihrem Senior, wenn er jetzt länger in seinem Kuscheleckchen liegt und alles ein bisschen ruhiger angeht. Damit das Rasten aber nicht zum Rosten führt, braucht auch er regelmäßig Bewegung. Natürlich alles mit Maß und Ziel.
Eine Stunde Spielzeit mit »Trainer« ist auch für einen Oldie nicht zu viel. Die einzelnen Spielphasen dürfen aber kürzer sein als früher, damit die Katze nicht überfordert wird. Ganz wichtig bei alledem: Zwingen Sie die älteren Herrschaften zu nichts – die Kunst besteht darin, ihnen reizvolle Angebote zu machen, die sie einfach nicht ablehnen können.
Rennspiele: Sie haben nach wie vor ihren Platz im täglichen Training. Lassen Sie's aber langsam angehen und

machen Sie Schluss, wenn Ihr Senior zu angestrengt wirkt. Den Verfolgungstrieb kann ein kullernder Ball wecken, ein hüpfender Flummi, eine Schnur mit angebundener Plüschbeute, eine weiche Kordel, die sich über den Boden schlängelt, der Lichtkegel einer kleinen Taschenlampe oder der Leuchtpunkt des »Funlight«.

Auch aufziehbare Mäuse, Plüschspinnen oder flitzende Spielzeugautos reizen zum Nachlaufen, allerdings legt sich das Interesse schnell: Spielzeug ist erst perfekt mit dem geliebten Menschen am anderen Ende.

Fangspiele: Sie eignen sich besonders gut für ältere Katzen. Was ihnen möglicherweise an Kondition fehlt, machen sie vor allem durch Geduld, genaues Beobachten und schnelles Zuschlagen im richtigen Moment wett. Bewegen Sie Angel oder Kordel ein paar Mal in der Luft hin und her – Ihr »Oldie« wird begeistert danach tatzen. Klar, dass er die Beute mindestens bei jedem dritten Mal erwischen muss.

Aus einem leeren Karton wird ein Sportgerät, wenn Sie auf zwei gegenüberliegenden

Tolle Spielkiste: Kartons mit Raschelpapier amüsieren auch den Senior.

Wänden je ein Loch in die Pappe schneiden und ihn mit der Öffnung nach unten auf den Boden stellen. Sie stecken Angel, Federwedel oder einen Stock, an den Sie zum Beispiel eine Plüschmaus gebunden haben, durch die Löcher und lassen das Objekt schnell wieder im Karton verschwinden. Kaum eine Katze kann diesem lustigen Katz-und-Maus-Spiel widerstehen.

»Squash«: Sie werfen einen kleinen Vollgummiball gegen die Wand, Ihr Senior haut zu, um den zurückspringenden Ball zu fangen. Die beliebten

Spielregeln für Oldies

Wie lange spielen?

✓ Etwa eine Stunde Spielzeit pro Tag mit Ihnen wird Ihrem Oldie nicht zu viel.

✓ Die einzelnen Spielphasen sollten 15 Minuten nicht überschreiten. So kann sich Ihr Senior zwischendurch wieder erholen.

Was spielen?

✓ Ihr Senior darf im Grunde alles spielen, was ihm Spaß macht: Wichtig ist nur, dass Sie ihn dabei nicht zu sehr überfordern.

✓ Ideal für ältere Katzen sind Fangspiele. Sie machen fehlende Kondition oft durch genaues Beobachten und Zuschlagen im richtigen Moment wett.

Flummis taugen dazu übrigens nicht so recht: Deren Sprungkraft ist einfach zu stark, der Rückstoß von der Wand kann Ihren Senior schmerzhaft treffen.

Torwart: Werfen Sie Bällchen oder Spielmaus so an ihr vorbei, dass sie das Spielzeug im Flug abfangen kann. Das Spiel funktioniert auch mit bestimmten Leckerbissen, etwa gekochten Fleischstückchen oder leckeren Knusperlis zur Zahnpflege.

Angeln: Das Angeln mit den Pfoten (zum Beispiel am Mauseloch oder unter dem schmalen Spalt des Kühlschranks) gehört zu den Lieblingsspielen aller Katzen. Bei Spielen aus dem Zoofachhandel wie Play'n'Scratch oder Catrack gilt es unter anderem, eine rollende Kugel aus der »Umlaufbahn« herauszuangeln – manche schaffen es tatsächlich! Für alle anderen: Legen Sie gelegentlich mal etwas in die

Rinne, was die Katze tatsächlich herausangeln kann.

Detektivspiel: Schneiden Sie in einen leeren Schuhkarton mehrere Löcher. Ob Sie ein Mäuschen, Bällchen, Catnip-Söckchen oder auch einmal Leckerlis im Pappkarton verstecken, bleibt Ihnen überlassen – Ihr kleiner Kommissar wird mit der Pfote auf Angeltour gehen und diesen Fall schon lösen. Und er trainiert dabei gleichzeitig so ganz nebenbei seine Intelligenz.

Wer ist schneller? Bei Fangspielen kann so mancher Katzensenior seinen jüngeren Artgenossen noch etwas vormachen – vorausgesetzt er hat Lust zum Wettkampf.

> Erwischt! Jetzt muss die Beute erst mal gründlich »bearbeitet« werden.

Spiele zum Zeitvertreib

Damit Ihrer Katze die Zeit ohne Trainer nicht zu lang wird, muss sie sich auch allein beschäftigen können. Räumen Sie also nicht alle Bällchen, Spielmäuse, Stoffgebilde oder Säckchen weg, und lassen Sie ruhig einmal etwas Raschelpapier herumliegen. Es sollte allerdings immer nur eine kleine Auswahl sein. Wir kennen das ja von uns: Was nicht ständig zur Verfügung steht, bleibt länger interessant.

Neben Play'n'Scratch oder Catrack gibt es im Zoofachhandel noch eine ganze Reihe anderer Spiel- und Sportgeräte, mit denen die Katze sich allein oder auch zu zweit wunderbar amüsieren kann. Das Wichtigste haben Sie sowieso schon im Haus: Kratzgelegenheit und Kletterbaum. Anderes Spielzeug für den Zeitvertreib können Sie mit einfachsten Mitteln auch selbst »entwerfen«:

➤ Befestigen Sie zum Beispiel eine Fellmaus, einen Federwedel oder einfach ein Papierknäuel an einem elastischen Band, das Sie in den Türrahmen oder an die Türklinke hängen.

➤ Werfen Sie Kartons nicht gleich weg, sondern lassen Sie sie eine Weile zum Erforschen und Verstecken herumstehen – ruhig mit zerknülltem Raschelpapier darin. Solche zeitweiligen Veränderungen im Revier wirken anregend und werden selbst von eingefleischten Gewohnheitstieren gut akzeptiert.

➤ Ausgediente Strumpfhosen geben, zum Kuddelmuddel-Knäuel verknotet, eine wunderbare Spielbeute ab, mit der sich auch Katzen fortgeschrittenen Alters stundenlang beschäftigen können.

➤ Leere(!) Garnrollen eignen sich wunderbar zum Dribbeln, manche Katzen spielen auch gern mit Wein- oder Sektkorken.

➤ Pfeifenreiniger sind ebenfalls beliebt. Wenn man sie zum Kreis formt oder aus mehreren eine »Spinne« zurechtbiegt, schleppen viele Katzen sie durch die Wohnung und legen sie ihrem Menschen als Mäuse-Ersatz zu Füßen. Für dieses »Geschenk« ist dann natürlich ein Dankeschön fällig.

TIPP

Sicherheits-Check für Spielzeug

➤ Spielzeug muss groß genug sein, damit es nicht verschluckt werden kann.

➤ Entfernen Sie bei Spielzeugmäusen eingesteckte Augen und Näschen: Verletzungsrisiko!

➤ Aus Federwedeln unbedingt Stanniolstreifen entfernen: Gefahr für Magen- und Darmtrakt.

➤ Wollknäuel wegräumen, denn geschluckte Wollfäden können sich im Magen verklumpen und im schlimmsten Fall zu einem Darmverschluss führen.

Fragen rund um Beschäftigung und Spielen

❓ **Meine Senioren Paulchen und Petra (beide 12) spielen zwar miteinander Nachlaufen oder »überfallen« sich gegenseitig, aber Spiele zu dritt lehnen sie rundweg ab. Ich muß also mit jedem einzeln spielen. Was mache ich falsch?**
Überhaupt nichts. Paulchen und Petra verhalten sich völlig artgerecht. Beide genießen ganz offensichtlich die Gesellschaft des Artgenossen, aber sie sind wie alle Katzen von Natur aus auch »einsame Jäger.« Den Kumpel mal zum Spaß verfolgen oder »überfallen« ist schon o. k., aber nach der Beute (in diesem Fall Spielzeug) jagt eine richtige Katze allein. Am ehesten werden noch Rennspiele im »Doppelpack« akzeptiert, aber auch da bestehen viele Mini-Tiger auf Exklusivität.

❓ **Haben Katzen eigentlich ein unterschiedliches Bewegungsbedürfnis?**
Ja. Den Jagdtrieb und damit den Spaß an Sport und Spiel haben zwar alle Katzen gemeinsam, aber ihr Bewegungsbedürfnis hängt vom individuellen Temperament ab: Auf der einen Seite gibt es die quecksilbrigen Typen, bei denen ständig etwas los sein muss, auf der anderen die trägen Träumer, die nur gelegentlich zeigen, was sie können. Unter unseren Hauskatzen können wir beide Temperamente finden – und noch eine Menge dazwischen.

❓ **Stimmt es eigentlich, dass Perserkatzen zu den eher faulen und trägen Katzenrassen gehören und gar nicht so viel Beschäftigung brauchen?**
Das kann man so nicht sagen. Sie können durchaus auch an einen Temperamentsbolzen vom Stamme der Perser geraten oder an einen leicht verschlafenen Siamesen. Doch sie sind rassebezogen eher die Ausnahmen. Tatsächlich zählt man zu den temperamentvollen Typen vor allem kurzhaarige Rassen wie Siamesen, Abessinier, Orientalisch-Kurzhaar, Egyptian Mau und

Komm unter meine Decke: Mancher Senior lässt sich da nicht lange bitten.

Burmesen, die Trägen dagegen sind eher unter den Langhaarkatzen wie Perser, Birma oder Ragdoll zu finden. Ein Temperaments-Anzeiger ist die Haarlänge aber nicht: Kartäuser, Britisch Kurzhaar und American Shorthair gehören zu den eher ruhigen Vertretern, Langhaar-Rassen wie die Norwegische Waldkatze oder die Sibirische Katze dagegen sind ständig in Bewegung. Letztlich gilt aber auch: Jede Rassekatze ist in erster Linie Katze – und damit Individualistin.

❓ Unser Kater Boris ist anfangs bei jedem Spiel begeistert dabei, verliert aber spätestens nach fünf Minuten die Lust – gleich, ob ich eine Stoffmaus an der Schnur vor ihm herziehe oder eine Katzenangel mit »Plüschbeute« durch die Luft schwenke. Woran kann das liegen?
Vielleicht an mangelnden Erfolgserlebnissen. Sorgen Sie dafür, dass Boris künftig seine »Beute« bei jedem zweiten oder dritten Versuch erwischt. Spielen Sie möglichst nicht »von oben herab«, sondern begeben Sie sich lieber

in Bodennähe. Boris' Interesse wird auch steigen, wenn seine »Beute« sich nicht einfach und vorhersehbar durch den Raum bewegt, sondern (wie eine Maus) Verstecke sucht – hinter Stuhl- und Tischbeinen, in einer engen Nische, unter dem Schreibtisch, hinter dem Bücherstapel. Kurz vor dem drohenden Verschwinden wird er, ganz Katzenart, am liebsten zufassen. Wichtig ist vor allem: Loben Sie Ihren Kater ausgiebig, wenn ihm der Griff nach der Beute tatsächlich geglückt ist.

❓ Ich spiele täglich mit unseren beiden Katzen Emma und Ronaldo, 8 und 10 Jahre alt. Dabei komme ich aber nie auf eine ganze Stunde Spielzeit. Trotzdem fehlt den beiden nichts. Oder irre ich mich?
Höchstwahrscheinlich nicht. Wichtig ist, dass die Spielzeit regelmäßig stattfindet. Im Übrigen gilt: Qualität geht vor Quantität – 20 Spielminuten, die den Katzen Spaß machen, sind mehr wert als ein stundenlanges, lustlos absolviertes Training. Aber das würde ohnehin keine Katze mitmachen.

MEINE TIPPS FÜR SIE

Brigitte Eilert-Overbeck

Mieze allein zu Haus

Sie müssen Überstunden machen oder Ihre Katze wegen anderer dringender Angelegenheiten ein paar Stunden länger als üblich allein lassen. So machen Sie's Ihrem Senior leichter:

➤ Verstecken Sie ein paar Leckerlis oder ein Catnip-Spielzeug, bevor Sie aus dem Haus gehen. Wählen Sie dafür anfangs immer die gleichen Plätze aus, später können Sie die Verstecke variieren.

➤ Lassen Sie Radio oder Fernseher an – eine (bitte nicht zu laute!) Geräuschkulisse ist für Ihren Senior wesentlich angenehmer als völlige Stille.

➤ Klassische Musik und Entspannungsmusik haben auch aufs Katzengemüt eine beruhigende und ausgleichende Wirkung. Probieren Sie es aus!

➤ Schalten Sie Ihren Anrufbeantworter ein und schicken Sie hin und wieder einen Gruß übers Telefon. Ihr Senior freut sich, Ihre Stimme zu hören.

57

Adressen

Verbände/Vereine

➤ Fédération Internationale Féline (FIFe), Little Dene, Lenham Heath Maidstone, Kent ME17 2BS, Großbritannien, www.fifeweb.org (engl.)
➤ Deutscher Edelkatzenzüchterverband e.V. (1. DEK-ZV e.V.), Berliner Str. 13, 35614 Asslar, www.dekzv.de
➤ Deutsche Rassekatzen-Union e.V. (D.R.U.), Geschäftsstelle: Hauptstr. 56, 56814 Landkern, www.dru.de
➤ Österreichischer Verband für die Zucht und Haltung

von Edelkatzen (ÖVEK), Liechtensteinstr. 126, A-1090 Wien, www.oevek.org
➤ Fédération Féline Helvétique (FFH), Denise Kölz, Solothurnerstr. 83, CH-4053 Basel, www.ffh.ch
Anschriften von Katzenclubs und -vereinen können Sie auch bei den vorgenannten Verbänden erfragen.

Katzen im Internet
Viel Wissenswertes rund um Katzen bieten:
➤ www.miau.de
➤ www.schmusekatzen.de
➤ www.juhukatzen.de
➤ www.katzen-info.de
➤ www.katzencity.de
➤ www.katze-und-du.de
Informationen über giftige Pflanzen erhalten Sie unter:
➤ www.vetpharm.unizh.ch/perldocs/toxsyqry.htm

Fragen zur Haltung beantworten
Ihr Zoofachhändler und der Zentralverband Zoologischer Fachbetriebe Deutschlands e.V. (ZZF), Rheinstr. 35, 63225 Langen, Tel. 06103/910732 (nur telefonische Auskunft möglich), www.zzf.de

Krankenversicherung
➤ Uelzener Allgemeine Versicherungsgesellschaft AG, PF 2163, 29511 Uelzen, www.uelzener.de
➤ AGILA Haustier-Krankenversicherung AG, Breite Str. 6–8, 30159 Hannover, www.agila.de

Registrierung von Katzen
➤ Haustierzentralregister, TASSO e.V., Frankfurter Str. 20, 65795 Hattersheim, Tel. 06190/932214, www.tiernotruf.org
➤ Internationale Zentrale Tierregistrierung (IFTA), Weiherstr. 8, 88145 Maria Thann, Tel. 00800/843773/447837 (kostenlos), www.tierregistrierung.de
Wer seine Katze vor Tierfängern und dem Tod im Versuchslabor schützen will, kann sie hier registrieren lassen.

Zeitschriften
➤ die edelkatze. Illustrierte Fachzeitschrift für Katzenfreunde, Verbandszeitschrift des 1. DEKZV (→ Adressen)
➤ katzen. Hrsg. D.R.U. (→ Adressen)
➤ Katzen extra. Symposion Verlag, Saarbrücken
➤ Geliebte Katze. Gong Verlag, München

Die Autorin

Brigitte Eilert-Overbeck ist seit vielen Jahren begeisterte Katzenhalterin und hat das Verhalten dieser faszinierenden Tiere intensiv studiert. Sie hat bei TV Hören und Sehen das Ressort »Frau und Familie« geleitet und etliche Artikel zum Thema »Haustiere« verfasst. Über Katzen hat sie bereits mehrere Bücher und einige Artikel in Katzen-Zeitschriften veröffentlicht.

Die Fotografin

Ulrike Schanz arbeitet als freie Fotodesignerin und hat sich seit einigen Jahren erfolgreich auf Tierfotografie spezialisiert. Alle Fotos dieses Ratgebers stammen von ihr.

Impressum

© 2003 Gräfe und Unzer Verlag GmbH, München. Alle Rechte vorbehalten. Nachdruck, auch auszugsweise, sowie Verbreitung durch Bild, Funk, Fernsehen und Internet, durch fotomechanische Wiedergabe, Tonträger und Datenverarbeitungssysteme jeder Art nur mit schriftlicher Genehmigung des Verlages.

Redaktion: Gabriele Linke-Grün, Judith Starck
Layout: independent Medien-Design, München
Satz: Uhl + Massopust, Aalen
Produktion: Petra Roth
Repro: Fotolito Longo, Bozen
Druck und Bindung: Kaufmann, Lahr
Printed in Germany
ISBN 3-7742-5767-1

Auflage	4.	3.	2.	1.
Jahr	2006	05	04	03

GRÄFE
UND
UNZER

Ein Unternehmen der
GANSKE VERLAGSGRUPPE

> ## GU-Experten-Service

Haben Sie Fragen zu Haltung und Pflege? Dann schreiben Sie uns (bitte Adresse angeben). Unsere Expertin Brigitte Eilert-Overbeck hilft Ihnen gern weiter. Unsere Adresse finden Sie rechts.

Meine Katze

➤ **Name:** _____

So füttere ich sie:

➤ _____

_____

_____

Lieblingsspiele und Spielzeug:

➤ _____

_____

_____

So will sie gepflegt werden:

➤ _____

_____

_____

Das sind ihre Eigenheiten:

➤ _____

_____

_____

Besondere Kennzeichen:

➤ _____

_____

_____

Das ist ihr Tierarzt:

➤ _____

_____

_____

GU TIERRATGEBER
damit es Ihrem Heimtier gut geht

ISBN 3-7742-5582-2
64 Seiten | € 7,90 [D]

ISBN 3-7742-3826-X
64 Seiten | € 7,90 [D]

ISBN 3-7742-5697-7
64 Seiten | € 7,90 [D]

ISBN 3-7742-3917-7
64 Seiten | € 7,90 [D]

ISBN 3-7742-3957-6
64 Seiten | € 7,90 [D]

Tierisch gut! Die Welt der Heimtiere entdecken und alles erfahren, was man schon immer über sie wissen wollte. So klappt das Miteinander von Anfang an – mit Wohlfühl-Garantie fürs Tier.

Änderungen und Irrtum vorbehalten.

Gutgemacht. Gutgelaunt.

1 MAHLZEIT

Große Futtermengen liegen unseren älteren Herrschaften zu **schwer im Magen**. Verteilen Sie die tägliche Ration deshalb lieber auf **drei bis vier Mahlzeiten**. Halten Sie sich dabei an einen regelmäßigen Zeitplan: Katzensenioren fühlen sich besonders wohl mit einem fest strukturierten Tagesablauf.

Wohlfühl-Garantie für Katzen-Senioren

4 SANFT UMGEWÖHNEN

Katzensenioren sind Gewohnheitstiere. Ersparen Sie ihnen **abrupte Veränderungen**. Schleichen Sie sich an notwendige Umstellungen heran. Vor allem bei der Ernährung: Bieten Sie **Seniorenfutter** zunächst in kleinen Mengen zur gewohnten Kost an, und vergrößern Sie die Anteile nach und nach.

7 PFLEGEHILFE

Unterstützen Sie Ihren Senior mit Kamm und Bürste bei der **Fellpflege**. Achten Sie auch auf seine »Rückfront«. Wischen Sie, wenn nötig, Kotreste mit einem in warmem Wasser **angefeuchteten Tuch** oder aber einem Schwamm weg.

8 KÖRPERKONTAKT

Fast alle Katzensenioren sind begeisterte und ausdauernde **Schoßbesetzer**. Sie genießen den Körperkontakt mit ihrem Menschen. Am besten, Sie legen sich am **Kuschelplatz** ein paar von den Büchern bereit, die Sie schon immer mal lesen wollten.